IELTS

Interactive Listening

三大解题技巧 十个必考场景 六套全真模拟

叱咤雅思教学12年

中国考生名师典范

卢峭梅 编著

备考策略⊙解题技巧⊙常见错误⊙最新题库⊙实战模拟

卢峭梅双向听力法

雅思完全破解版

高等教育出版社

图书在版编目（CIP）数据

卢峭梅双向听力法. 雅思完全破解版/卢峭梅编著.
—北京：高等教育出版社，2009. 7（2010 重印）

ISBN 978-7-04-026572-9

I. 卢… II. 卢… III. 英语-听说教学-高等教育-自学参考资料 IV. H319. 9

中国版本图书馆CIP数据核字（2009）第086787号

策划编辑 杨挺扬 **特约编辑** 檀 琦 **责任编辑** 杨挺扬 **封面设计** 张 楠
版式设计 王艳红 **责任校对** 金 辉 **责任印制** 朱学忠

出版发行	高等教育出版社	**购书热线**	010-58581118
社 址	北京市西城区德外大街4号	**咨询电话**	400-810-0598
邮政编码	100120	**网 址**	http://www.hep.edu.cn
总 机	010－58581000		http://www.hep.com.cn
		网上订购	http://www.landraco.com
经 销	蓝色畅想图书发行有限公司		http://www.landraco.com.cn
印 刷	北京鑫海金澳胶印有限公司	**畅想教育**	http://www.widedu.com
开 本	787×1092 1/16	**版 次**	2009 年 7 月第 1 版
印 张	14.5	**印 次**	2010 年 5 月第 3 次印刷
字 数	350 000	**定 价**	39.00元（含光盘）

物料号 26572－00

序

今年是全球雅思考试发展20周年，本书作者卢峭梅老师堪称中国雅思发展的见证人之一。卢老师教学风格如其名字一样，刻意求新，“冬雪梅花独开放，不畏凛寒东风峭。”

十年前的某一天，当环球雅思学校还是茫茫教育培训业中沧海一粟时，我鼓足勇气敲开卢峭梅老师的家门，倾力邀请她教授雅思课程，帮助环球雅思的学生实现出国梦想。很幸运的是，卢老师用灿烂的笑容、和蔼可亲的话语，欣然接受了当时无人知晓、考生寥寥无几的雅思考试教学工作。转眼十年过去了，数十万环球雅思学子一批批成功地赴海外求学。今天的学生们也很幸运，因为他们依然能在环球的课堂上看到这位充满活力、永葆灿烂笑容、耐心和蔼的雅思听力名师。

在雅思听、说、读、写四项教学中，听力的提高其实是最不容易的，很多老师在听力教学中都很难有所突破，而卢峭梅老师却凭借自己多年丰富的教学经验和心血独创了“雅思双向听力法”。我知道，这是卢老师在多年教学实践的过程中总结出来的快速提高听力的精华。希望此书在今后的岁月中能让更多的雅思考生享得卢老师的学术真谛。

在环球雅思北京总校的学子经常可以听到卢峭梅老师的课，但是还有更多的学子没有机会一睹名师的风采，聆听她精彩的“授业解惑”，而这本书正是卢老师最好的雅思精华吟诵。希望它能成为所有雅思考生的案头良伴。

今日翻阅此书稿，想到它即将面世，畅行全国、造福于考生，特编小诗一首，表达我的心情：

今春环球梅开时，赏梅更吟梅花诗；

梅花盛开难远寄，惟寄梅诗表所思。

衷心祝愿广大雅思考生：心想事成，出国求学一路畅通！

环球雅思学校总校长

环球天下教育科技集团总裁

2009年7月

推荐序

我很荣幸能够给卢峭梅老师的这本书写序，因为“双向听力法”是卢峭梅老师独创的一套关于听力学习的全新理念，是一套趋于完美的实用听力教学方法。

我从事外文出版业多年，常在采访、约稿、翻译、录音和往来函件中用到英语，但坦白地说，英文听力对我来说却一直是个很难突破的瓶颈，达到一定程度后很难再有进展。

不仅仅是我自己，与很多学生交流后，我发现听力也一直是他们在备考雅思时最难突破的一块。如何根据雅思考试的特点和规律来准备雅思听力考试，是考生能否取得理想成绩的关键所在。那么，怎样才能掌握雅思考试听力部分的特点和规律呢？本书作者从学术的角度引入了她的教学新理念——“双向听力法”，全方位地进行了阐述和实例演练，有效地解决了学生听力中碰到的一些难题，这也正是我向广大备考雅思的学生推荐此书的重要原因之一。

卢峭梅老师的“双向听力法”不是一蹴而就的，它是在数万名参加出国培训学生的学习经验和教训的基础上形成的，是卢峭梅老师结合自己十多年教学第一线的经验、在理性思考和勤奋努力的基础上，不断摸索总结和提炼而成的成果。

《卢峭梅双向听力法　雅思破解版》由双向听力法浅释、双向听力法雅思要诀破解、双向听力法雅思技能破解、双向听力法雅思技巧破解、双向听力法雅思实践等五个部分有机结合而成。

在此书的运作过程中，经常需要和卢峭梅老师进行沟通，我们通话时大多在课间或深夜，她的聪明、严谨、认真、热情和敬业精神给我留下了非常深的印象。她逻辑性强、思路清晰，能够洞悉雅思听力考试规律，对雅思听力考试的题型、最新动态及发展趋势把握极其准确。她在授课时能将语言学理论和测试学理论有效地运用到雅思教学活动中，使学生的雅思应试技巧和英语水平都同时得到了提高。

此外，更能体现本书质量的就是录音部分，英籍录音专家Ian作为雅思著名考官，他将为您展示他极具磁性的音质魅力。录音剪辑专业、划分清晰，词汇部分方便学生记忆，模拟试题部分能够测试考生真实水平。

在本书付梓出版之际，特别感谢环球雅思学校总校长、环球天下教育科技集团总裁张永琪先生、张晓东董事长对图书事业的大力支持，还要感谢为此书付出过艰辛劳动的副校长刘海华女士和教学部总监陆航先生的指点和帮助，环球雅思总校图书部尹龙龙先生和朱秀娟女士在本书编辑过程中提出的宝贵建议。最后要特别感谢高等教育出版社考试分社副社长黄小齐先生和策划编辑杨挺扬女士为本书付出的辛苦努力。

祝愿更多的考生能够实实在在地从这本著作中获益。

环球雅思总校图书部

檀玲

2009年7月

自　　序

雅思考试进入中国已经20年了，不断地调整并完善雅思考试，已经成为剑桥雅思考试委员会目前最首要的工作。从整体分数的设置到题库内容的变化，都反映出剑桥雅思考试委员会对考生的要求在逐步地提高，同时也使雅思考试趋向更加合理，更能反映考生的真实语言水平。测试内容也逐步发生了变化，加大了语言能力测试的内容，减少了技巧性测试的比重。所以，如何根据雅思考试的这些特点和规律来准备雅思听力考试，是考生能否取得理想成绩的关键所在。考生要想在较短的备考时间内，最大限度地挖掘自己已有的英语知识潜能，了解雅思考试的特点，掌握雅思考试的规律是关键。

双向听力雅思应试策略和方法：

很多考生由于不了解雅思听力考试的特点和规律性，在备考时“盲目地听”、“盲目地练”，这样不但极大地浪费了宝贵的备考时间，同时也造成了事倍功半的结果。“授人以鱼不如授人以渔”，双向听力法就是一个教授中国考生如何正确进行听力理解训练的方法，它包含如下几个层次的概念：正确的听力练习方法、正确的听力听题方法及正确的听力解题方法。本书根据雅思考试的变化和测试要点为考生全方位地提供了双向听力的应试策略和方法。

本书具有如下特点：

- 详尽的雅思听力技能技巧讲解
- 全面的雅思听力考试结构介绍
- 透彻的雅思听力考试题型解题技巧分析
- 有效的雅思听力考试高频场景词汇汇总
- 完整的雅思听力考试题库话题背景总结
- 实用的体现真题特色的实战模拟练习

本书共有如下几个篇章：

双向听力法浅释一章，就双向听力法在雅思听力考试备考中的合理运用进行了诠释，即：双向听力练习方法——听写&跟/复读；双向听力听题方法——主动听&被动听；双向听力解题方法——按题型去做题，按场景去听题。通过以上三方面的针对性演练可以提高听力理解的准确度、敏感度及速度。

双向听力法——雅思要诀破解一章，就影响听力理解的四大基本因素进行了阐述，语音部分附有相应的语音练习，语法部分从词法和句法两个方面对雅思听力考试常见的结构规律进行了归纳，背景部分总结出雅思听力考试最新最全面的题库（机经）出题背景话题，使考生备考雅思听力考试时目标更加明确。

双向听力法——雅思技能破解一章，根据自己十多年的雅思教学经验和数十万名所教授学生的成功经验和失误教训，全面总结归纳出雅思听力考试的主要技能。这一章旨在帮助考生熟悉雅思听力考试的出题特色和思路，以便考生能有针对性地解决问题，培养出雅思听力考试中听题的固定思维和策略，在每一听题技能的详细讲解总结之后，还配有专项练习来帮助考生理解。

双向听力法——雅思技巧破解一章，就雅思解题技巧、题型技巧和场景技巧三部分进行了详细的阐述。解题技巧部分包含了审题技巧、听题技巧及誊写检查技巧；在题型技巧部分，本书囊括雅思听力考试中的所有题型，将八大题型、十三类小题型的题型介绍、特点、解题思路和注意事项等一一列出，每种题型后配有具体讲解以帮助考生理解巩固；场景技巧部分包含了雅思听力考试高频场景的背景介绍以及经典场景词汇汇总，重点突出。

双向听力法——雅思实践部分，在模拟试题的编写上忠实于雅思听力考试的出题原则、难度和风格，按照*CAMBRIDGE IELTS*系列出题思路，真实地体现雅思真题特色，特别是近期考试的高频题型重点再现，力求听力材料的语言真实、典型。

雅思听力考试虽然有些难度，但只要按照正确的方法加以练习，取得让自己满意的高分成绩决不是梦想。

Your attitude, not your aptitude, will determine your altitude.

卢峭梅

2009年7月

Contents 目录

第一章

双向听力法浅释

IELTS

CHAPTER ONE

双向听力法其实不是一个简单的应试做题方法，我们讲“授人以鱼不如授人以渔”，它其实是一个教授中国考生如何进行正确听力理解的方法，具体到英语听力考试它包含了三个层次的概念，即：正确的听力练习方法、正确的听力听题方法以及正确的听力解题方法。

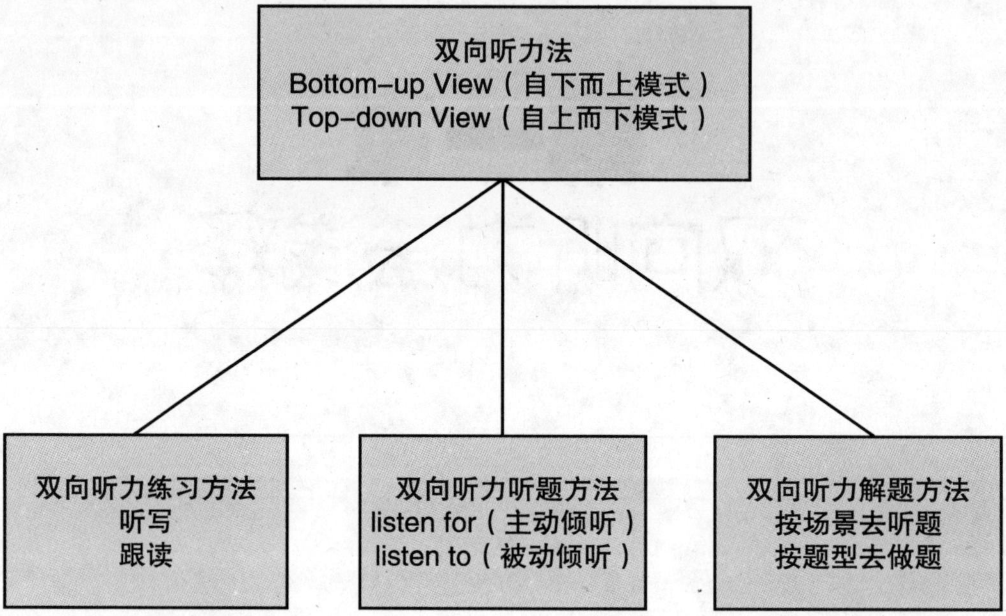

双向听力法指的是听话者在脑海中以Bottom-up View（自下而上模式）和Top-down View（自上而下模式）进行有效的结合来进行听力理解的方法。

听话者把不断听到的话分成组合的音节，把这些音节连成词，然后词连成词组，再把词和词组连成句子，如此进行下去，最终理解所听到的全部信息。这就是说，听者从理解每个音节入手，再进一步理解词、句子、段落。Bottom-up View（自下而上模式）注重细节特征，是一系列由低级到高级，即由字词解码而最终获得信息的过程。

成功的听话者善于利用头脑中固有的知识和头脑以外的知识来理解他们听到和看到的东西。那种使用头脑中固有的知识、即非字面语言进行理解的方法，就是我们所说的听力理解中的Top-down方法。Top-down View（自上而下模式）突出整体结构的识别，强调长期记忆中存留的背景知识经验在理解中的作用，是一个“预测→检验→证实”的不断往复的过程。预测是解码的方式，证实是解码的结果。

通过以上对听力过程中听话者听力理解的过程分析，考生在听力备考过程中可以进行如下三个方面的准备：

1. 双向听力练习方法：听写 & 跟读

具体到雅思考试，听写练习会培养考生捕捉答案的准确度，大声跟读、复读会培养考生的听力速度和对答案的反应速度。

※ 听写练习——培养听力准确度

在雅思听力考试过程中，既要能准确无误地听出某些重要的数据、年代、人名、地名及事实细节，又要兼顾把握大意的训练，这就必须将精听与泛听结合起来，交替练习，只有精泛并举，才有利于全面提高雅思听力理解能力。雅思听力考试90%的题目考的是具体的信息和细节，因此精听练习更为重要，而听写练习则是精听练习的最好方法。

考生在听写练习时应注意如下几点：

（1）连续听音的最小单位应为句子，把一个完整的句子拆成孤立的单词进行听力训练不利于培养听力能力，不宜提倡；

（2）选择听力材料要符合个人实际水平（可以听懂60%以上的材料），太难或太容易都不适宜（笔者认为听力基础稍弱的考生可以重点拿剑桥雅思真题的第一、二部分进行听写练习，而不要急于拿第三、四部分进行练习）；

（3）反复听三四遍后还听不清楚、写不完整的句子，就可以查对原文（因为雅思备考有时间限制，不可能无限制练习下去），以便搞清问题出在哪里，有针对性地学习；

（4）每天保持相当量的练习（笔者认为至少一个小时），只有练到一定的数量，量的积累足够上升到质变，才能在大脑中构造一个英语区；

（5）先易后难，循序渐进，是学习听力的途径。

※ 跟读模仿——培养听力速度和反应速度

听力与发音是相辅相成的，正确的读音与正确的听音是听力考试的关键要点。考生自身的发音似乎与属于接受性的听力技能没有直接的联系，但它往往关系到考生的听力理解速度。只有具备正确的语音语调，才能更准确、快速地理解音带里的考题内容，试想如果考生自身语音与考试中音带里的语音有很大的出入，那么必然要增加考生对考题的理解时间，听力理解的速度也随之放慢，甚至造成理解错误而丢掉分数。因此，突破听力的另一个重要方面就是要规范考生自身的语音，掌握英语语音特点，区分和模仿正确的语音和语调，能够听懂失去爆破、连读等语音现象。

要跟上录音中的语速，口语速度决定听力速度。试想一下，英文歌曲中的乡村民歌、电影主题歌我们能够听懂意思，可以跟唱。但是如果是RAP的话，我们要能听懂跟唱就非常困难了。做雅思听力也是如此，为什么考试时有些考生会听不到答案——原因是速度，因为自己说英语的速度不如录音的快。如果考生的口语速度本来就是很慢的，会很难听清楚录音说的内容，只能听个大意，但雅思听力主要考的是细节，这就迫使考生在练习的时候需要多做口头的“跟读训练”。

英语基础好的同学甚至可以采取速听练习的方法，用电脑上Windows Media Player等软件的播放速度设置练习速听，如比正常播放速度快1.4倍来进行训练，激发右脑潜能，练过一段时间后，你会对听力内容中的细节反应迅速、敏感。

在考生真正下工夫练好发音以后，自然会明白英语听力中的连音为什么会那么连，音的省略又是怎么省，在继续努力做提速练习后，你也会连音省音，经过一段时间，听力的进步也就是自然而然的事情，甚至于明白诸多英语单词中的组合辅音的所以然。“观千剑而后识器，操千曲而后晓音。”考生要通过勤听、勤练和勤说，使自己具备这种能力。

2. 双向听力听题方法：listen for（主动听）& listen to（被动听）

具体到雅思考试，每个章节前近一分钟的读题预测极为关键，只有这样考生才能有的放矢去听，具体聆听答案时才会有准确的敏感度。

大部分考生在做题的过程中都试图努力倾听录音中的每一个细节（listen to），但在做完题、对过答案后却会发现有的答案明明在听题的过程中听到了却写不下来，这是为什么呢？——是由于敏感度，因为在看题的时候无的放矢。从打开卷子看题开始，考生就应快速地找出所需要填写的是什么样的信息——是40个答案。考生首先要分析出这是什么类型的词，才能有目的地听，预测答案包括：

（1）预测答案的词性；

（2）根据问题本身预测答案；

如：In which country did “Clean Up the World” first get going?

预测：这道题的答案应该是一个国家。

Check notes with ....

预测：这道题的答案应该是一个人。

（3）预测含有数字的信息；

（4）预测大写专有名称等。

这样在听的时候考生就可以把注意力集中在这样的信息上面，做到主动听（listen for），有的放矢，无须盲目浪费时间了。

总之，正确的听题方法是考生根据之前做好的审题工作，有目的地去听题。请考生务必记住做题的过程是在listen for信息，而不是单纯地listen to信息，只有把主动倾听（listen for）和仔细被动倾听（listen to）有机结合才能准确无误地捕捉住答案信息。

3. 双向听力解题方法：按场景去听题，按题型去做题

具体到雅思听力备考，考生可以一方面通过雅思真题模拟练习来把握考试的题型和节奏，一方面通过考题题库（机经）来准备考试的词汇和场景。

第二章

双向听力法——雅思要诀破解

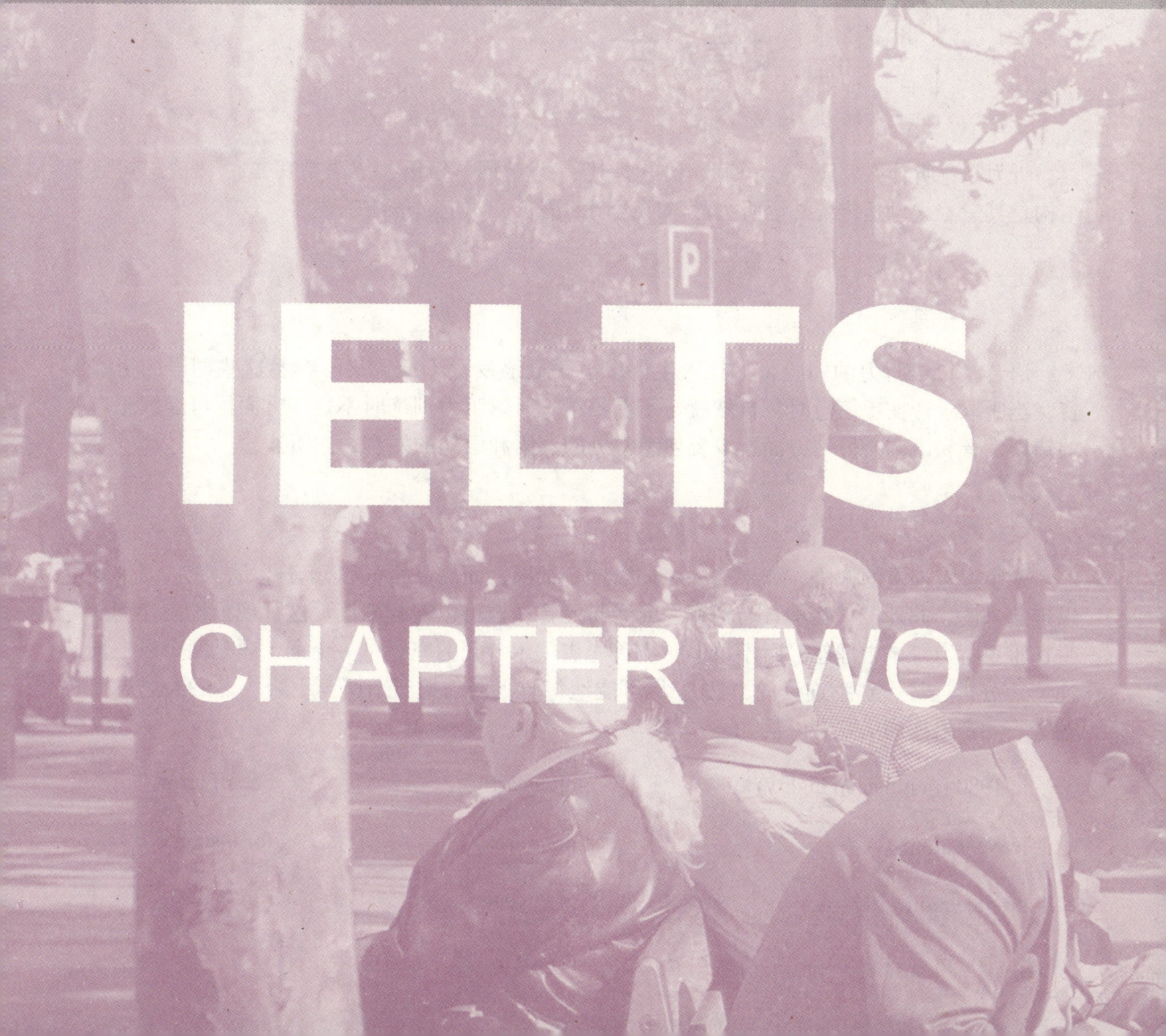

IELTS

CHAPTER TWO

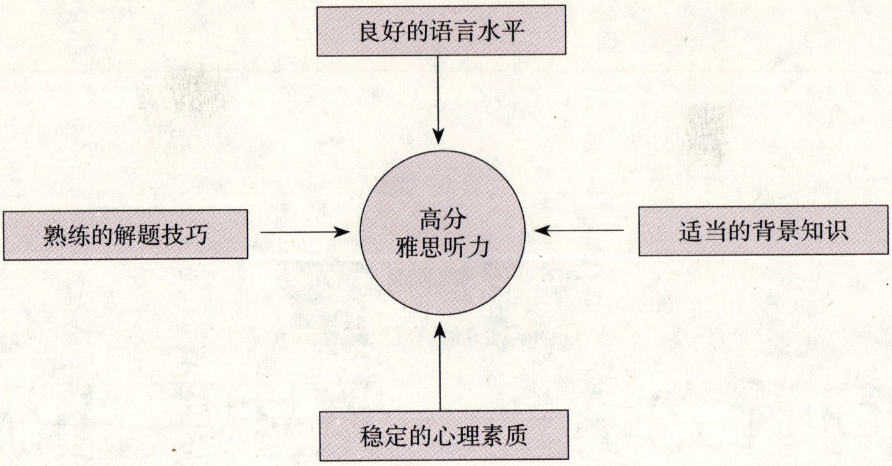

1 语言水平

听力究竟听什么？语音、语调、语气是其一；单词、短语、成语是其二；语法、句型、结构是其三。这也是传统外语听力教学所强调的语音、词汇、语法三要素。

1.1 语音

语音是口语听力的门脸，如果考生许多英语词语发音不准，又不熟悉这些词语的正确发音，当听取录音捕捉信息时，自然就对不上号了。所以听力训练时不妨一方面尽可能纠正自身的错误发音和语调，另一方面至少要熟悉常见的词语和语句的发音，边听边念。

1.1.1 连读

两个意义连贯的词语，如果前一个词以辅音结尾，而后一个词以元音开始，在口语中则可以连起来读。此外，某些辅音与辅音，元音与元音，也可以连起来读。这种现象称为连读。考生在雅思听力考试中埋怨“听不清”时应首先想一想卡壳的究竟是一个词，还是两个以上词的连读。分析连读、熟悉连读的方法是:尽可能地将所听词语按音节听写下来，然后经过思考将辅音与元音根据词义断开。例如:

in 1980 (in nineteen eighty)	blue earring	end of term
leave it alone	poor area	for instance
no objection	next year	

TASK 1

听写填空

1 We asked the Andersons to ______________ but they were too busy.
2 It's necessary for them to ______________.
3 Mr. Brown ______________ and his ______________ just ______________.
4 Mary and Jane ______________ the same class，but Mary ______________ Jane.
5 How ______________ learn to play the violin?
6 She ______________ for her geology report.
7 ______________ Neil just ______________ to the snack bar.
8 The bookstore ______________ lined notebook paper.
9 Carol ______________ for the university band.
10 Little children occasionally like to ______________.

1.1.2　失爆

如有两个爆破音或同一个爆破音（[p，b，t，d，k，g]）连贯出现在同一单词或连贯出现在前一单词尾与后一单词首，前一音只按其发音部位形成阻碍，但不爆破，稍作间息后立刻过渡到后一个音的发音部位并爆破，这种现象称为失爆。考生在雅思听力考试中埋怨“听不见”的不少是这种失爆现象。例如：

a kee(p)-fi(t) studio　　internet addi(c) tion　　re(d) blouse
ol(d) clothes　　we(t) lands　　for(t) night
foo(t) bridge　　conta(ct) lenses

TASK 2

指出下列练习中的失爆现象

1 She went to see the movie yesterday.
2 The teacher asked us to call on her, but we were too busy.
3 Sam is a fast worker and Jim is just like him.
4 Bob is going to write to me and Fred is too.
5 The teacher expected us not to pass the test.
6 We had ideal weather during our vacation, not too hot and not too cold.
7 Let's at least talk about it.
8 He vacuumed the rug and polished the furniture.
9 If I had an hour more, I would have been able to rewrite my conclusion.
10 Ellen seems quite cold until you get to know her.

1.1.3　弱音

英语如同音乐，有其韵律和节奏，即抑扬顿挫。一般规律是轻重相间，实意性词语重读，功能性词语（介词、冠词等）轻读，轻读时念弱音，甚至省音。特别是英语口语中有大量的简化词：'m, 're, ' s, 've, 'll, 'd, n't 还有名词复数的s，规则动词的ed，分词及动名词的ing与ed，比较级的er等等常都念弱音，还常常因为其后的词语而连读、失爆。考生在雅思听力中埋怨"听不清"和"听不见"也多在于此。例如：

two hundred and eighty dollars

在雅思听力中，and经常弱读成and[ən]，并和后面的辅音构成连读，因此常有考生分不清是$280还是$290。

试区分下列两组读音:

He is tall.	I can do it.
He isn't tall.	I can't do it.

TASK 3

听写填空

1 You .... better wear your gloves today.
2 No one could .... been more helpful to me than Ann was.
3 He .... looking for .... ash-tray.
4 I .... finish .... whole day .... work, but it .... only noon.
5 Carol must .... be on this flight because I do .... see her.
6 If you .... come on time, you could .... met my father.
7 We .... stay .... here since the week before last.
8 I write my teacher .... occasional letter.
9 Bill .... always get .... into arguments with people, especially about politics.
10 I should .... read .... instructions .... more carefully.

1.1.4 近音干扰

在雅思听力考试过程中，考生往往会把录音中听到的某个词语与另外一个与之读音相似的词语相混淆，从而对上下文意思理解有误或答案判断出错。因此考生应注意区分容易混淆的元音和辅音并且在捕捉答案信息时注意从上下文去理解。例如：

sour — sore	acid — arid	town hall — town house
smile — smell	sauce — south	real — rear
mirror — measure	after eating — after reading	

TASK 4

辨音选择

1 You work in a (studio/stadium), don't you?
2 May I introduce (Miss Parson/Mrs. Parson)?
3 I took the records out and put them on (myself/my shelf).
4 I'll write you a (prescription/description).
5 Picasso was admitted to the (Royal/Loyal) Academy of Art at the age of 15.
6 This time he became (curious/furious).
7 It dropped onto the ground and rolled under the (couch/coach).
8 Professor Martin is going to (correct/collect) the papers after the exams.
9 Mr. O'Brien is from (an island/Ireland).
10 You've got the (flu/clue).

1.1.5 语调辨异

语调是表达说话人内心情感的手段。升调一般表示疑问、怀疑；降调一般表示陈述、祈使、感叹、推测和特殊疑问。但是否定疑问句念升调表示强烈肯定，陈述句念升调表示否定，例如：

Can Tom really cook?

这是一般疑问句，用升调，表示说话人不明白，有疑问，即I didn't realise Tom could cook. 但是如果can念特重音，全句语调由高到低，结束时略升，表示相当怀疑，即Tom's cook isn't very well.

— Would you call a taxi to take me to the bus station?

— Call a taxi? I'll take you myself.

Call a taxi? 是一省略句：You want me to call a taxi? 凡词序按陈述句排列，念强升调的问句，往往表示不同意，用来否定初衷。在此则表示：I will not call a taxi. 因为I'll drive you.

1.2 词汇

雅思听力考试有别于其他类型考试的一个最显著的特点就是考试题目的重复出现，考题场景的相对固定化。所以考生应该针对雅思考试的这一特点，有的放矢进行词汇准备。但盲目地增大词汇量并不一定就能在雅思听力考试中取得好的成绩，“量”大并不代表“质”高。因为雅思听力考试选用的考试内容都是来自于英联邦国家的日常学习生活场景，如雅思听力考试的第一、二部分的内容主要是和社会需求有关，也就是考查生存语言能力，主要包括：旅游度假、租房、方位布局（地图）、饮食营养健康、休闲活动、银行付账、求职面试、人物辨别、新闻等；第三、四部分考的内容主要是和教育培训有关，即学术语言能力，主要包括：学校概况及要求、新生入学报到、学习经验交流、课程选择、图书馆、电脑机房、科研调查、讲座授课等。根据这一考试出题特点，考生只有相应增加有效的常考场景词汇，主要是雅思听力考试中常考的大场景及附属小场景中的积极词汇，并达到较高的熟练程度，才能在雅思听力考试中有“质”的飞跃，取得较高的分数。

考生在准备雅思听力考试时还应注意区分大词与小词，积极词汇与被动词汇，实意性词汇与功能性词汇。

大词（big words）即书面用语（written words），而小词（small words）即口头用语（spoken words）。例如：correspond与write，currency与money，dwell与live，industrious与hard-working等，一般规律是：正式演讲用大词，日常口语会话多用小词，因此雅思听力考试前三个部分多小词，第四部分多大词。

积极词汇（active words）指的是音、义、形掌握无误，并能正确使用的词；被动词汇（passive words）指的是往往看似相识，读音拼写理解时有差错，特别是不会使用的词汇，死记硬背的词语往往属于被动词汇。考生常用的词汇学习方法是通过眼睛从阅读材料中记忆的，这种从形到义的学习手段有其积极的一面，但对于记忆听力词汇是不适用的。作者根据多年的雅思听力教学经验在此特别强调请考生务必注重音、形、义的结合，这也正是我们人类学习语言的正常途径：从音到义，从音到形。在听力词汇记忆过程中，考生要注意积极词汇与被动词汇的区别，把被动词汇上升到积极词汇的高度对听力考试来说是非常重要的。换句话说也就是要尽可能缩小听力词汇量和阅读词汇量之间的差距。因此考生在记忆本书第四章的听力场景词汇时，应注意把文字词汇和与之配套的录音资料协调使用，这样才能取得事半功倍的效果。

实意性词汇（content words）在句子中起的是语意作用，传达内容；而功能性词汇（function words）在句中起的是语法作用，串联词句。例如：The class is a waste of time. 句中：class，waste，time为实意性词语，其他均为后者。又例如：He raised his hand because he was puzzled by the professor’s explanation. 此句中：his，because，was … ed，by，the 为功能性词语，其余为前者。

词汇量是语言知识的基础，若没有掌握一定的词汇量，即使在听的过程中能听清模仿，也无法在语境中将语音和语义联系起来，以致影响听力理解的整体水平。根据以上分析，考生在准备雅思听力考试词汇过程中便能有所侧重，有所舍弃，有所区别，从而以最短的时间取得最大的收获，具体雅思听力考试词汇准备见第四章的“双向听力雅思场景技巧” 部分。

1.3 语法

句法结构和固定搭配是理解句子的关键，考生应特别留意动词的时态、语态、代词的指代、定语从句的修饰等，只有明白了句子的语法结构，才能正确理解句子的实意，但是考生在实际雅思听力考试捕捉答案信息过程中并不是在“听”，而只是去感觉句子结构，需要感知这一部分，因此备考过程中应力争由开始时的有意识过渡到考试时的下意识。

下面笔者将从词法和句法两个方面，归纳一些雅思听力考试常见的结构，供考生参考。

1.3.1 词法

i. 名词1+of（所属关系）+名词2 → 一般注意听名词1

ii. 定语（包括形容词、名词、介词短语、分词短语、不定式、从句等）+名词→一般注意听名词

iii. 简化词：'m，'re，'s，'ve，' ll，n' t，还有复数s，动词的ed，ing，形容词的er，est等→必须感而得知

iv. not，and，but，too，either等

* not，no，not any，（not）…at all，（not）…in the least，（not）…a bit，by no means，hardly（注意区别barely，scarcely，rarely，nearly），never，not ever等 → 均为关键词，决定句子实意的方向，应从否定角度理解全句
* A and B → A≈B，一般听A或B均可
* A but B → A≈-B或 -A≈B，听A或B则可反意推而得知B或A
* …too → 表示both…，and… 或also…
* either →both not…

v. 主从复合句连接词

* after，less than → 听成 <
* before，more than →听成 >
* until → 从not… at（in，on，when，after，since）的角度理解
* unless →从not…if…的角度理解
* A while（when，as，the moment…）B →听A或B，推断B或A
* because，since，now that …→ 因果关系句，听因则可知果；反之亦然。所以A because B ≈ B so（such）…that A
* in spite of，despite，whether（or not），no matter how…，though，although→ 以听主谓语或主句的中心意思为主
* who（m），which，that，when，where等定语从句→修饰限定主语、宾语时，以捕捉主句实意为要；修饰限定表语时，关键要捕捉该从句的实意
* that（宾语从句）→听that以后的从句

* if（条件从句）→真实条件从句常出现'll，捕捉到'll，则正面理解；虚拟条件句，则反其意而理解

1.3.2 句法

i. What+名词!；How+形容词（副词）+主语+系动词（实意动词）!
→ 表示十分肯定、愿意
e.g. What an exciting race!
→ The race was extremely exciting.

ii. Why not…!; Why don't you…!; Haven't…? Won't…? 等特殊否定疑问句
→ 主语+should，I suggest…，主语+need…，What about…，How about… 等表示肯定意义的句子
Isn't…? Aren't…? Don't…? Mustn't…?等一般否定疑问句
→ 表示肯定意义的句子
e.g. Why doesn't Bill consult with his advisor before starting the project?
→ I think Bill should talk to his advisor.

iii. 主语+ask（want，let，tell，have…）+宾语+（to）do something
→ 宾语+ do something…
e.g. Mary's father made her speak careful German.
→ Mary speaks careful German.

iv. 主语+vt. +宾语
→ 原宾语+ be + vt.ed + by +原主语，即主动与被动句式转换
→ Paul's advisor changed the schedule.
e.g. Paul's schedule was changed by his advisor.

v. What主语从句+be+表语从句/表语
→ 主语从句主谓语+原表语从句/表语（现宾语从句/宾语）
e.g. What I don't understand is how she got all that information.
→ I don't know how she obtained her data.

vi. 主语+be+someone/something+定语从句
→ 原定语从句主谓语+原主语（现宾语）
e.g. Dr. Brown is someone all of the students look up to.
→ All of the students respect Doctor Brown.

vii. 从句A，+but+句子B
→ 从句A≈否定意义的句子B，或句子B≈否定意义的句子A
e.g. John used to like skating，but now he prefers skiing .
→ He now likes to ski better than he likes to skate.

viii. not…un形容词；
not…without短语：

impossible…not…等双重否定意义句式

→ 从肯定意义去理解

e.g. No one was unwilling to climb the rocks.

→ Everyone agreed to climb the rocks.

ix. If+从句（虚拟）+主句（虚拟），或Should（Had）+从句（虚拟）+主句（虚拟）

→ 将从句或主句的动词谓语反其意而理解

e.g. If I had an hour more, I could have been able to rewrite my conclusion.

→ I didn't have a chance to rewrite the conclusion.

x. Never（None，Hardly ever，Scarcely ever，Barely ever…）+谓语+主语+形容词/副词比较级

→ 主语+谓语+形容词/副词比较级+than（ever）before

主语+谓语+形容词/副词最高级+now（at present，recently…）

e.g. Never have I been more willing to cooperate.

→ I'm very ready to cooperate now.

2 解题技巧

在雅思考试当中，一些答案的出现是有规律性可循的，考生在练习时要熟记书中总结的信号词、语言提示，要对它们极为敏感，这样一来即使有些答案变得有些模糊，也可以通过这些词来最终确定答案。同时要掌握一些有效的听力方法，细听、泛听、跳听等应试方法都具有可行性，考生也可以根据自己的实际情况掌握相应的应试技巧，并通过典型案例的方式，如：通过一套典型的、有代表性的试卷举一反三，由此及彼，由表及里，循序渐进。具体解题技巧演练见第四章的双向听力雅思技巧部分。

3 背景知识

听力还需要“听”英美的风俗、人情、背景知识。听懂听力材料并非完全依靠语言信息，对于背景知识的了解亦可助一臂之力。语言是文化的载体，熟悉考题相关的背景知识有利于提高听力速度，增加理解力。如在考试中出现过的学生去非洲旅游要预防yellow fever（黄热

病），印度女生澳洲留学饮食要求no red meat（不吃红肉），学生租房bed-sit（公寓合租房的一间），英国假期参观Stonehenge（巨石阵），学生买二手床需要的尺寸为queen size（双人床），澳洲捕鲨鱼的最好季节summer（录音中出现from November to January，但澳洲在南半球south hemisphere）等等。在雅思听力考试的第四部分讲座题材中还考过：Aztec族的兴衰、南极条约、墨尔本申办奥运会、自行车发展史、非洲鳄鱼生活习性、罗斯福总统新政等。

下面是到目前为止雅思听力题库题目全版本，考生可根据题库版本范围准备相应的背景知识。

雅思听力考试全部题库机经版本一览表

Version Number	Section One	Section Two	Section Three	Section Four
21	学生讨论准备开期末联欢派对	澳洲大学介绍	两个女生向另一女生讨教学习经验	关于企业犯罪
22	预约看病	澳大利亚某地旅游介绍	关于三种广告类型的讨论	天文学讲座
23	老人被抢劫，警方询问目击者	学校资源介绍	莱特兄弟发明飞机	树对环境的影响
24	关于新学校及其住宿情况的讨论	四个动物园情况比较	对三个学生的访谈	牛津大学和剑桥大学的比较
25	男女生聊天，介绍各自家庭情况	关于学生如何节省开支的讲座	一对艺术系的学生商量如何录制一档录像节目	关于英国土地三年轮作制度的历史变革及发展轨迹讲座
26	男女关于工作面试的对话	幼儿园介绍	一个老师给一对男女生有关学习的建议	大学新建筑物选址的优缺点
27	日本女孩向学校咨询有关住宿问题	关于去Eznia旅游的介绍	师生关于“购物习惯”所做市场调查的讨论	大学新生入学系列讲座之学习计划安排
29	两个学生关于学校广播电台活动开展的讨论	一个计算机年会的会议日程	女留学生和以前的老师聊关于在海外学习的情况	Aztec族的考古成果
30	向同学咨询去国外旅游的注意事项	海外学生可能遇到的问题及学校提供相关服务帮助的讲座	两个女生和一个男生听完讲座后在咖啡馆讨论如何学习记笔记	心理治疗师介绍新的治疗方法
31	新房客和旧房客的聊天对话	一个男人讲述他的平凡一天	两名学生讨论做课堂陈述的准备工作及内容	有关健康生活的人们脉搏跳动频率的讲座
32	悉尼音乐节	医生给病人诊断并开处方	日本女生及印度男生和男导师讨论准备做课堂陈述	人口迁徙与语言发展
33	女生向男生交待住宿情况	农场介绍	三个学生讨论作业	一个原始部落的考古研究
34	两个学生租房子	英国一所学校新生入学介绍	询问选修课程	一个教授讲述猎鹰的情况

Version Number	Section One	Section Two	Section Three	Section Four
35	男女生在咖啡馆讨论旅游行程计划	大学教育展	师生间关于论文延期、推荐书目及作业的讨论	关于孩子智力成长及其影响因素的调查结果汇报
36	女生租房	一年一度的“仲夏艺术节”节目介绍	南极条约	澳洲鲨鱼生活习性介绍
37	告别派对的安排	健康俱乐部负责人的演讲	教授指导学生选校以及介绍学校的日常课程和规定	介绍澳大利亚的五个环境问题
38	关于学生找兼职工作的对话	旅游注意事项	关于对幼儿园小孩做实验的讨论	一个女教师介绍改进后的教学方法
39	为更换坏CD电话填表格	自动应答电话介绍旅游项目	关于足球裁判课程的讨论	新西兰剪羊毛工人工资的合理性
40	关于学校组织的旅游景点参观咨询	导游带队参观改建后的公园	老师帮助重新回到学校充电的男士选课	男女寿命差别及男人健康讲座
41	向留学生介绍寄宿家庭的基本情况	公路、铁路、轮渡的交通堵塞	男女生关于新旧车比较及安全问题调查	如何填写申请保健调查表格的讲座
66	学生要求索赔（冲洗）丢失的胶卷	给留学生介绍英国租房情况	学生关于课程选择的讨论	如何选择建筑材料的讲座
67	印度女孩儿租房	关于摄影和电影的发展史讲座	关于电影拍摄的选题	女士介绍学校课程及设施的情况
68	关于参加慈善演出之事	参观城市，介绍游船和沿线的景点	参加电脑培训的场景	麻风病的流传与预防讲座
69	两人讨论在图书馆中看录像的事情	介绍假期的业余工作	讨论会议安排和具体行程	关于去非洲纳米比亚的实习课程介绍
70	去农庄旅游事宜的咨询	介绍学校的情况和申请过程	四个学生讨论生物学课程内容	关于夜班工人的健康问题讲座
71	女生住宿申请咨询	为慈善募捐徒步旅行	师生关于选择专业、导师等的讨论	关于未来城市能源紧缺问题的讲座
20023	男子打电话给保险公司，咨询车险的事情	关于学生服务设施的介绍	日本女生及印度男生和男导师讨论准备做课堂陈述	关于昆虫的好处、坏处及害虫防治的讲座
30014	电影院预定座位	学校图书馆服务介绍	宾馆犯罪	学校引进新的教学方法报告
30015	学生预约看医生	关于学生服务设施的介绍	女士工作后回学校进修，咨询有关图书馆的使用情况	关于伦敦的地下情况
30018	男生订机票办打折卡	学校图书馆服务介绍	一名助残组织工作人员的日常生活和工作	关于澳大利亚水资源问题的讲座
30019	邮局邮寄东西咨询	国家艺术中心介绍	男女生讨论电视节目的制作流程	罗斯福总统的政绩
30020	电话咨询工作面试	旅游景点的介绍	女学生和教授谈求职注意事项	罗斯福总统的政绩
30032	母亲打电话咨询孩子转学的事情	参观城市，介绍游船和沿线的景点	学生就校园不同设施存在问题的调查结果及改良方案做课题汇报的讨论	关于英国家庭废物回收利用问题的讲座

Version Number	Section One	Section Two	Section Three	Section Four
30033	男子电话咨询旅游订房服务	参观城市，介绍游船和沿线的景点	男女生讨论教授对课堂陈述的要求	印度妇女创业
30034	男人打电话向搬家公司索赔弄坏的东西	参观城市，介绍游船和沿线的景点	学生询问选题汇报时间、所需材料及内容	澳洲一土著公园管理的介绍
30036	租车对话	参观城市，介绍游船和沿线的景点	学生对学校有关人员就学生日常花费调查的访谈节目	公司的营销策略和经营项目
30037	警察询问女士家被盗情况	参观城市，介绍游船和沿线的景点	阅读习惯调查访谈报告	第一艘蒸汽船的诞生过程
30038	女生询问如何使用图书馆	一个新剧本的剧情介绍	学生关于某旅游地环境改变情况的讨论	麻风病的流传与预防讲座
30039	男士打电话向中介询问租房子的情况	一个小型慈善组织介绍	学生要做关于再循环调查采访，预约采访相关人员	麻风病的流传与预防讲座
30040	学生要求索赔（冲洗）丢失的胶卷	一个花园的介绍	学生关于课程选择的讨论	海洋生物生态循环介绍
30041	学生要求索赔（冲洗）丢失的胶卷	学校概况介绍	学生关于课程选择的讨论	蜂的发展介绍
30042	一位父亲咨询为孩子开派对的相关事宜	给留学生介绍英国租房情况	两个学生向导师汇报所做的市场策略调研课题	女生关于澳洲一座旧矿山的课题汇报
30043	悉尼音乐节	给留学生介绍英国租房情况	老师讨论课程设置和教学方法	有关动物、昆虫等在城市、农村生存环境对比的调研报告
30044	交通情况电话咨询	失眠产生的原因和解决的办法	女学生和导师谈论作业、实验汇报及选课事宜	如何选择建筑材料的讲座
30045	女生向已住房客咨询房屋基本情况	对市场上三种儿童床的评估	男女生讨论大学对比	声波捕鱼
30049	野营咨询	一个藏有蒸汽时代交通工具博物馆的介绍	讨论鸟的迁徙和进化后不会飞的鸟	如何选择建筑材料的讲座
30058	询问女生过去的学习情况	给留学生介绍英国租房情况	女生与导师讨论论文，希望老师给予指导并推荐相关书目	声波捕鱼
30059	学生要求索赔（冲洗）丢失的胶卷	服装行业招聘	两个学生关于成人学生学习情况调查汇总	埃及亚历山大图书馆介绍
30060	向新员工介绍办公室布局及一周安排	给留学生介绍英国租房情况	男教师向女教师讨教如何制作课程介绍手册	非洲鳄鱼的生活习性
30061	女士打电话订购家具	澳大利亚一城市市容改革中游泳池和儿童游乐场介绍	学生关于课程选择的讨论	女博士介绍海洋生物研究所工作的情况
30062	学生要求索赔（冲洗）丢失的胶卷	维多利亚女王博物馆介绍	一位进修的男学生将来要从事教学工作，与职业指导官探讨自己现在所面临的困惑	报纸印刷流程

Version Number	Section One	Section Two	Section Three	Section Four
30064	银行电话咨询	一所老房子博物馆	两个学生关于自主创业优缺点的课题调查结果讨论	女士介绍学校课程及设施的情况
30072	女士与搬家公司谈有关搬家事宜	给留学生介绍英国租房情况	女生因去看病错过了教学安排课，向导师询问分组所要做的课题安排	琥珀形成过程讲座
30074	向警察局咨询办理驾照事宜	给留学生介绍英国租房情况	课程选择咨询介绍	关于脂肪及其替代品的讲座
30076	母亲打电话为女儿咨询绘画比赛情况	给留学生介绍英国租房情况	有关昆虫的参考书目介绍	有关松树的调查研究
30078	男子要旅行，咨询住宿预订和博物馆情况	学生会介绍	有关昆虫的参考书目介绍	电动汽车的发展及对环境影响的介绍
30079	告别派对饭店预定	给留学生介绍英国租房情况	学生讨论不同种类的鲸	自行车发展史的介绍
30080	坐火车行李丢失，在失物招领处填写表格	冰壶运动介绍	学生讨论不同种类的鲸	如何选择建筑材料的讲座
30081	学生登记做兼职工作	关于一个科学中心的介绍	两个学生关于自主创业优缺点的课题调查结果讨论	网瘾的成因及影响
30083	打电话买旧家具	介绍一个作家的故居	学生讨论卫星定位海底物品	有关调味品味精的介绍
30085	学生要求索赔（冲洗）丢失的胶卷	旅游公司介绍关于独木舟旅行	学生关于音乐对人们进食影响的调查	伦敦东区的发展史介绍
30086	绘画课程咨询	一年一度的长跑比赛	男生缺课向女生讨教要交的作业	有关调味品味精的介绍
30090	男子要旅行，咨询住宿预订和博物馆情况	有关恐龙博物馆的介绍	学生向导师咨询三门考古专业课程	新西兰儿童健康情况研究报告
40101	男子打电话给保险公司，咨询车险的事情	旅游景点的介绍	女学生与男导师关于学习方法的对话	有关动物的研究报告
40102	女生订机票	介绍假期的业余工作	宾馆犯罪	关于孩子智力成长及其影响因素的调查结果汇报
40103	日本女孩向学校咨询有关住宿问题	警察做有关校园安全问题的讲座	女生与导师讨论论文，希望老师给予指导并推荐相关书目	关于昆虫的好处、坏处及害虫防治的讲座
40104	预定电影座位	学校租车、停车事宜	学生讨论业余体育培训课程	关于夜班工人的健康问题讲座
40105	两个学生租房子	一个计算机年会的会议日程	两名学生讨论做课堂陈述的准备工作及内容	关于男女不同理财观念的讲座
40106	俱乐部会员资格注册	地理位置介绍	莱特兄弟发明飞机	关于未来城市能源紧缺问题的讲座
40108	学生要求索赔（冲洗）丢失的胶卷	足球俱乐部介绍	日本女生及印度男生和男导师讨论准备做课堂陈述	关于去非洲纳米比亚的实习课程介绍

Version Number	Section One	Section Two	Section Three	Section Four
40109	度假时委托邻居照看家	学生向导师汇报课题	一名助残组织工作人员的日常生活和工作	关于澳大利亚水资源问题的讲座
40110	印度女孩儿租房	关于纤维材料的对比介绍	图书馆布局介绍	女士介绍学校课程及设施的情况
40112	悉尼音乐节	介绍假期的业余工作	男女生讨论学术报告的提纲结构	海外学生英语学习方面的研究报告
40113	邮局邮寄东西咨询	国家艺术中心介绍	男女生讨论电视节目的制作流程	男女寿命差别及男人健康讲座
40114	去农庄旅游事宜的咨询	给留学生介绍英国租房情况	女学生和教授谈求职注意事项	关于伦敦的地下情况
40116	日本女孩向学校咨询有关住宿问题	警察做有关校园安全问题的讲座	女生与导师讨论论文，希望老师给予指导并推荐相关书目	关于昆虫的好处、坏处及害虫防治的讲座
40121	老人被抢劫，警方询问目击者	家族饭店介绍	两个学生向一女生讨教学习经验	澳洲鲨鱼生活习性介绍
40123	悉尼音乐节	国家艺术中心介绍	莱特兄弟发明飞机	不同企业文化公司管理风格特点
40201	男子打电话给保险公司，咨询车险的事情	一个男人讲述他的平凡一天	学生就校园不同设施存在问题的调查结果及改良方案做课题汇报的讨论	关于昆虫的好处、坏处及害虫防治的讲座
40202	女生订机票	失眠产生的原因和解决的办法	女生与导师讨论论文，希望老师给予指导并推荐相关书目	关于男女不同理财观念的讲座
40203	日本女孩向学校咨询有关住宿问题	关于纤维材料的对比介绍	男女生讨论学术报告的提纲结构	新西兰剪羊毛工人工资的合理性
40205	两个学生租房子	新开张的运动商城介绍	关于作业的讨论	关于昆虫的好处、坏处及害虫防治的讲座
40206	学生预约看医生	学校租车、停车事宜	老师帮助重新回到学校充电的男士选课	关于未来城市能源紧缺问题的讲座
40208	打电话咨询工作面试	介绍假期的业余工作	师生关于选择专业、导师等的讨论	关于伦敦的地下情况
40211	男生订机票办打折卡	旅游景点的介绍	女学生和教授谈求职注意事项	男女寿命差别及男人健康讲座
40213	男子打电话给保险公司，咨询车险的事情	关于摄影和电影的发展史讲座	四个学生讨论生物学课程内容	不同公司企业文化管理风格特点
40214	去农庄旅游事宜的咨询	给留学生介绍英国租房情况	宾馆犯罪	关于澳大利亚水资源问题的讲座
40215	打电话咨询工作面试	一个计算机年会的会议日程	男女生讨论电视节目的制作流程	介绍澳大利亚的五个环境问题
40216	印度女孩儿租房	警察做有关校园安全问题的讲座	两学生讨论做课堂陈述的准备工作及内容	关于夜班工人的健康问题的讲座
50101	咨询培训课程	旅游注意事项	男女生讨论学术报告的提纲结构	女生关于澳洲一座旧矿山的课题汇报

Version Number	Section One	Section Two	Section Three	Section Four
50102	一位父亲咨询为孩子开派对的相关事宜	为慈善募捐徒步旅行	师生关于"购物习惯"所做市场调查的讨论	关于未来城市能源紧缺问题
50103	男女关于工作面试的对话	国家艺术中心介绍	男女生关于新旧车比较及安全问题调查	澳洲一土著公园管理介绍
50105	男女关于工作面试的对话	国家艺术中心介绍	男女生关于新旧车比较及安全问题调查	澳洲一土著公园管理介绍
50106	男生打电话咨询饭店求职事宜	失眠产生的原因和解决的办法	关于足球裁判课程的讨论	关于孩子智力成长及其影响因素的调查结果汇报
50108	男人打电话向搬家公司索赔弄坏的东西	健康俱乐部负责人的演讲	女生与导师讨论论文，希望老师给指导并推荐相关书目	公司的营销策略和经营项目
50109	女生向男生交待住宿情况	介绍一个学生职业介绍机构	男教授与男女学生关于语言学习问题的讨论	女士介绍学校课程及设施的情况
50110	警察询问女士家被盗情况	小镇冬季旅游节	阅读习惯调查访谈报告	心理治疗师介绍新的治疗方法
50112	预定电影座位	导游带队参观改建后的公园	学生对学校有关人员就学生日常花费调查的访谈节目	关于墨尔本申奥
50113	男子打电话给保险公司，咨询车险的事情	一个计算机年会的会议日程	两个学生向导师汇报所做的市场策略调研课题	有关动物、昆虫等在城市和农村生存环境对比的调研报告
50114	度假时委托邻居照看家	一个地产公司的广告	教授指导学生选校以及介绍学校的日常课程和规定	Aztec族的考古成果
50116	学生预约看医生	学校设施建设	学生和导师谈论作业、实验汇报及选课事宜	古代时间测量方法
50118	两个学生租房子	澳洲淘金热	阅读习惯调查访谈报告	海外学生英语学习方面的研究报告
50121	学生预约看医生	学校图书馆服务介绍	关于足球裁判课程的讨论	古代时间测量方法
50124	打电话咨询工作面试	一个男人讲述他的平凡一天	学生与导师关于学习方法的对话	男女寿命差别及男人健康讲座
50126	印度女孩儿租房	小镇冬季旅游节	男女生讨论学术报告的提纲结构	关于夜班工人的健康问题讲座
50127	邮局邮寄东西咨询	一个计算机年会的会议日程	男教授与男女学生关于语言学习问题的讨论	关于昆虫的好处、坏处及害虫防治的讲座
50130	女生住宿申请咨询	大学汽车俱乐部	图书馆布局介绍	女士介绍学校课程及设施的情况
50131	去农庄旅游事宜的咨询	新开张的运动商城介绍	莱特兄弟发明飞机	关于男女不同理财观念的讲座

Version Number	Section One	Section Two	Section Three	Section Four
50133	向同学咨询去国外旅游的注意事项	学校设施建设	学生要做关于再循环调查采访，预约采访相关人员	海洋生物生态循环介绍
50134	两人讨论在图书馆中看录像的事情	英国一学校新生入学介绍	学生关于某旅游地环境改变情况的讨论	木星及其附属四个卫星的介绍
50137	交通情况电话咨询	为慈善募捐徒步旅行	学生询问选题汇报时间、所需材料及内容	男女寿命差别及男人健康讲座
50139	两人讨论在图书馆中看录像的事情	英国一学校新生入学介绍	学生关于某旅游地环境改变情况的讨论	木星及其附属四个卫星的介绍
50147	俱乐部会员资格注册	一个地产公司的广告	跨国公司调查结果通报	心理治疗师介绍新的治疗方法
50233	租车对话	介绍一个学生职业介绍机构	询问选修课程	有关化石种类形成过程及采集方法的讲座
50301	向留学生介绍寄宿家庭的基本情况	关于摄影和电影的发展史讲座	女生与导师讨论论文，希望老师给指导并推荐相关书目	大学新生入学系列讲座之学习计划安排
06101	女士与搬家公司谈有关搬家事宜	一个非赢利艺术机构的介绍	关于三种广告类型的讨论	女博士介绍海洋生物研究所工作的情况
06102	女生向男生交待住宿情况	健康俱乐部负责人的演讲	有关昆虫的参考书目介绍	英法合建海底隧道
06103	有关电话购物	小镇冬季旅游节	学生就校园不同设施存在问题的调查结果及改良方案做课题汇报的讨论	大学新生入学系列讲座之学习计划安排
06106	交通情况电话咨询	主题公园介绍	学生询问选题汇报时间、所需材料及内容	关于澳大利亚水资源问题的讲座
06108	为更换坏CD电话填表格	保护沼泽地俱乐部介绍	女学生向男导师汇报有关伦敦西区论文写作情况	如何填写申请保健调查的表格
06109	男女关于工作面试的对话	保护沼泽地俱乐部介绍	学生就校园不同设施存在问题的调查结果及改良方案做课题汇报的讨论	琥珀形成过程讲座
06110	儿子给父亲买轮椅的事	关于岩洞的旅游介绍	询问选修课程	女生关于澳洲一座旧矿山的课题汇报
06111	男子电话咨询旅游订房服务	为慈善募捐徒步旅行	跨国公司调查结果通报	如何做讲座陈述
06113	去农庄旅游事宜的咨询	青年旅馆的情况介绍	师生关于“购物习惯”所做市场调查的讨论	体育课的好处
06114	日本女孩向学校咨询有关住宿问题	一个摇滚音乐节的安排及介绍	一个老师给一对男女生有关学习的建议	非洲鳄鱼的生活习性
06119	询问女生过去的学习情况	旅游注意事项	南极条约	不同企业文化公司管理风格特点

Version Number	Section One	Section Two	Section Three	Section Four
06120	租车对话	介绍一个学生职业介绍机构	询问选修课程	化石保护
06121	对邻居噪声的抱怨	一个地产公司的广告	图书馆布局介绍	关于昆虫的好处、坏处及害虫防治的讲座
06124	俱乐部会员资格注册	新开张的运动商城介绍	两个学生向导师汇报所做的市场策略调研课题	如何填写申请保健调查表格的讲座
06125	关于学生找兼职工作的对话	有关红松鼠的摄影介绍	男女生讨论电视节目的制作流程	大学新生入学系列讲座之学习计划安排
06126	男子电话咨询旅游订房服务	一个新剧本的剧情介绍	阅读习惯调查访谈报告	澳洲一土著公园管理的介绍
06130	向同学咨询去国外旅游的注意事项	警察做有关校园安全问题的讲座	导师给女生讲解她的论文的不足以及正确准备论文的步骤	木星及其附属四个卫星的介绍
06134	女士搬家后希望在健康中心注册聘请私人医生	公路、铁路、轮渡的交通堵塞	一女生要求换课以及学习中碰到的问题和对策	心理治疗师介绍新的治疗方法
06136	男人打电话向搬家公司索赔弄坏的东西	一个计算机年会的会议日程	法律系学生办手续填写表格	非洲鳄鱼的生活习性
06138	有关电话购物	一个新剧本的剧情介绍	四个学生讨论生物学课程内容	女士介绍学校课程及设施的情况
06139	银行电话咨询	旅游注意事项	男女生讨论学术报告的提纲结构	有关动物的研究报告
06140	银行电话咨询	旅游注意事项	关于足球裁判课程的讨论	如何选择建筑材料的讲座
06141	旅游度假咨询	主题公园介绍	日本来访者研讨及其旅游参观安排	关于孩子智力成长及其影响因素的调查结果汇报
06142	野营咨询	介绍小岛旅游	学生与导师关于学习方法的对话	化石保护
06144	废物回收	公路、铁路、轮渡的交通堵塞	男女生讨论学术报告的提纲结构	印度妇女创业
06146	音像店布局及其情况介绍	失眠产生的原因和解决的办法	男教师向女教师讨教如何制作课程介绍手册	第一艘蒸汽船的诞生过程
06148	女生订机票	旅游景点的介绍	学生要做关于再循环调查采访，预约采访相关人员	男士关于郊区发展的介绍
06316	男人打电话向搬家公司索赔弄坏的东西	一个计算机年会的会议日程	法律系学生办手续填写表格	非洲鳄鱼的生活习性
06319	男子打电话给保险公司，咨询车险的事情	关于纤维材料的对比介绍	莱特兄弟发明飞机	古代时间测量方法
07101	废物回收	幼儿园介绍	学生讨论不同种类的鲸	第一艘蒸汽船的诞生过程

Version Number	Section One	Section Two	Section Three	Section Four
07102	母亲打电话咨询孩子转学的事情	维多利亚女王博物馆介绍	师生商量因伤落课的补课事宜	琥珀形成过程讲座
07104	男生与职业介绍中心的女工作人员电话对话，介绍几种不同的工作对比	给留学生介绍英国租房情况	师生商量因伤落课的补课事宜	电动汽车的发展及对环境影响的介绍
07106	退换蒸汽锅	广播寻找志愿工作者	两个学生关于自主创业优缺点的课题调查结果讨论	商学院学生课外实习要求
07107	女生询问如何使用图书馆	房屋广告布局及优缺点	阅读习惯调查访谈报告	如何填写申请保健调查表格的讲座
07109	关于电话安装使用费用咨询	介绍一个学生职业介绍机构	两个学生和导师讨论在公司实习的事情	男士关于郊区发展的介绍
07111	咨询不同健康中心诊所位置优势对比	一个摇滚音乐节的布局及介绍	有关昆虫的参考书目介绍	多媒体网络技术对图书馆管理影响的讲座
07112	野营咨询	健康俱乐部负责人的演讲	学生向导师咨询三门考古专业课程	关于鱼油的介绍
07114	打电话修理冰箱	一家连锁饭馆介绍	图书馆布局介绍	关于澳大利亚水资源问题的讲座
07116	电话咨询工作面试	介绍一个艺术展	一女生要求换课以及学习中碰到的问题和对策	女博士介绍海洋生物研究所工作的情况
07118	两个学生租房子	澳洲淘金热	关于阅读习惯	海外学生英语学习方面的研究报告
07119	男生打电话咨询饭店求职事宜	澳大利亚一城市市容改革游泳池和儿童游乐场介绍	一女生要求换课以及学习中碰到的问题和对策	一个原始部落的考古研究
07121	向警察局咨询办理驾照事宜	关于岩洞的旅游介绍	学生对学校有关人员就学生日常花费调查的访谈节目	海洋生物生态循环介绍
07122	母亲打电话咨询孩子转学的事情	关于去Eznia旅游的介绍	男女生关于新旧车比较及安全问题调查	有关松树的调查研究
07125	女士与搬家公司谈有关搬家事宜	小镇冬季旅游节	男女生讨论教授对课堂陈述的要求	蜂的发展介绍
07126	警察询问女士家被盗情况	一所老房子博物馆的介绍	两个学生向导师汇报所做的市场策略调研课题	关于未来城市能源紧缺问题的讲座
07127	废物回收	给留学生介绍英国租房情况	女生因去看病错过了教学安排课，向导师询问分组所要做的课题安排	关于脂肪及其替代品的讲座
07131	邮局邮寄东西咨询	一个藏有蒸汽时代交通工具博物馆的介绍	导师给女生讲解她论文的不足以及正确地准备论文的步骤	如何做讲座陈述

Version Number	Section One	Section Two	Section Three	Section Four
07132	男生与职介中心的女工作人员电话对话，介绍几种不同的工作对比	学校概况介绍	女生因去看病错过了教学安排课，向导师询问分组所要做的课题安排	不同企业文化公司管理风格特点
07134	告别派对饭店预定	动物园工作人员作动物相关知识讲座	在墨西哥沙漠调研实习的介绍	学校引进新的教学方法报告
07135	男生房屋保险	介绍西班牙旅游	女生因去看病错过了教学安排课，向导师询问分组所要做的课题安排	非洲鳄鱼的生活习性
07137	学生与音乐老师电话交谈	关于一个科学中心的介绍	两个学生向导师汇报所做的市场策略调研课题	如何选择建筑材料的讲座
07138	男女关于工作面试的对话	孩子家长活动介绍	男女学生和导师讨论论文写作	关于孩子智力成长及其影响因素的调查结果汇报
07139	坐火车行李丢失，在失物招领处填写表格	国家公园介绍	男女生讨论电视节目的制作流程	介绍澳大利亚的五个环境问题
07141	两名男学生合租房子	向家长介绍小学校情况	男女生讨论学术报告的提纲结构	有关动物、昆虫等在城市、农村生存环境对比的调研报告
07142	旅游调查	学生足球俱乐部介绍	女生与导师讨论论文，希望老师给指导并推荐相关书目	海洋生物生态循环介绍
07143	女士租房咨询	主题公园介绍	学生询问选题汇报时间、所需材料及内容	成功的商业运作模式讲座
07145	打电话买旧家具	有关恐龙博物馆话题	男女生关于新旧车比较及安全问题调查	澳洲一土著公园管理的介绍
07147	退换蒸汽锅	保护沼泽地俱乐部介绍	学生对学校有关人员就学生日常花费调查的访谈节目	介绍国家公园地图绘制情况
07148	女士致电保险公司索赔房屋财产	一个新剧本的剧情介绍	男学生从化学专业换到工程学专业	关于澳大利亚水资源问题的讲座
08101	为参观海洋馆订票	活动组织介绍	导师给女生讲解她论文的不足以及正确准备论文的步骤	商业道德发展史
08102	废物回收	有关就业课程的介绍	关于足球裁判课程的讨论	关于澳洲达尔文和阿德莱德之间的铁路
08103	女士致电保险公司索赔被风吹坏的窗户	大学校园设施地图	女生向导师请教做有关一个建筑物历史的课题	介绍国家公园地图绘制情况
08104	银行电话咨询	旅游景点的介绍	课程选择咨询介绍	关于香水的历史介绍

Version Number	Section One	Section Two	Section Three	Section Four
08106	学生与音乐老师电话交谈	野生动物园介绍	学生就校园不同设施存在问题的调查结果及改良方案做课题汇报的讨论	关于鱼油的介绍
08107	打电话修理冰箱	女士有关小岛旅游问题建议及旅游交通工具的对比介绍	三个同学讨论两所大学的课程	网瘾的成因及影响
08108	男生与职介中心的女工作人员电话对话，介绍几种不同的工作对比	旅游景点的介绍	男教师向女教师讨教如何制作课程介绍手册	非洲游牧部落的变迁
08109	男士打电话给报社，登广告卖用过的电脑桌	介绍西班牙旅游	有关昆虫的参考书目介绍	学习研究的项目介绍
08110	退换蒸汽锅	旅游注意事项	男女学生和导师讨论论文写作	辣椒的用途
08111	女士让他人来整理新家	主题公园介绍	讨论会计和日语课程安排及学习问题	孩子未来教育的发展方向
08112	预定酒店开party	动物园工作人员做动物相关知识讲座	男女生和教授讨论对比南非生态旅游和传统旅游	新西兰儿童健康情况研究报告
08113	安排酒店接待	冰壶运动介绍	学生关于音乐对人们进食影响的调查	介绍澳大利亚的五个环境问题
08114	男女生关于网上购物的聊天对话	介绍一个新的图书馆	师生三人讨论SUV车的调查	热带水果
08115	坐公交车丢失行李，填报失单	地图方位介绍	在墨西哥沙漠调研实习的介绍	海外学生英语学习方面的研究报告
08116	咨询不同健康中心诊所位置优势对比	一个培训学校的介绍	师生关于过去一年的进步和未来一年的计划的讨论	埃及亚历山大图书馆介绍
08117	向留学生介绍寄宿家庭的基本情况	介绍一个新的图书馆	学生和导师谈论作业、实验汇报及选课事宜	英法合建海底隧道
08118	男士办理信用卡	小镇冬季旅游节	两位老师讨论教学计划	网瘾的成因及影响
08119	学生讨论准备开期末联欢派对	关于岩洞的旅游介绍	学生关于音乐对人们进食影响的调查	商学院学生课外实习要求
08120	旅游度假咨询	农场果园对比介绍	学生关于课程选择的讨论	蜜蜂视力应用于人类的讲座
08121	警察询问女士家被盗情况	一所老房子博物馆的介绍	学生讨论不同种类的鲸	介绍土著人的绘画
08122	租房咨询，对三套房源对比介绍	学校开放日活动介绍	两个学生与导师的有关网络调查讨论	埃及亚历山大图书馆介绍
08123	租车对话	澳洲大学介绍	学生要做关于再循环调查采访，预约采访相关人员	报纸印刷流程

Version Number	Section One	Section Two	Section Three	Section Four
08124	儿子给父亲买轮椅的事	所得税申报介绍	女学生和教授谈求职注意事项	新西兰儿童健康情况研究报告
08125	女生订机票	旅游景点的介绍	导师与学生讨论教学研究方法——观察法	介绍一个太阳能水净化系统
08126	男生打电话咨询饭店求职事宜	失眠产生的原因和解决的办法	在墨西哥调研实习的介绍	有关松树的调查研究
08127	男子电话咨询旅游订房服务	游园会介绍	日本来访者研讨及其旅游参观安排	女士介绍学校课程及设施的情况
08128	男人打电话向搬家公司索赔弄坏的东西	服装行业招聘	男生缺课向女生讨教要交的作业	关于脂肪及其替代品的讲座
08129	参加俱乐部	学校设施建设	法律系学生办手续填写表格	商业道德发展史
08130	交通情况电话咨询	一年一度的长跑比赛	女学生向男导师汇报有关伦敦西区论文写作情况	澳洲交通工具的发展
08131	男子打电话给保险公司，咨询车险的事情	学校图书馆服务介绍	课程选择咨询介绍	关于工程设计的讲座
08132	向警察局咨询办理驾照事宜	地图方位介绍	学生关于某旅游地环境改变情况的讨论	一座建筑物的历史变化
08134	女士与搬家公司谈有关搬家事宜	给留学生介绍英国租房情况	学生讨论关于澳洲蜜蜂和亚洲蜜蜂对比的课题	一个城镇市场的发展史
08135	加入健身俱乐部	一个地产公司的广告	两位老师讨论教学计划	金属探测装置在考古方面的应用
08136	男士办理信用卡	一位女士介绍如何作简历面试的讲座	两个同学填写课程、教学设施评估表	古代时间测量方法
08137	看医生	旅游公司介绍关于独木舟旅行	学生向老师汇报男女生对比研究结果	波特兰水泥介绍
08138	男人购买烧烤工具，不同型号对比介绍	旧区改造介绍	男生缺课向女生讨教要交的作业	自行车发展史的介绍
08139	学生登记做兼职工作	到加拿大旅游参观	询问选修课程	报纸印刷流程
08140	一位父亲咨询为孩子开派对的相关事宜	介绍一个艺术展	男生和女生关于发动机设计的课题讨论	研究鲸和海豚自杀原因的讲座
08141	男生向当地旅游管理员咨询	农场果园对比介绍	学生向导师咨询三门考古专业课程	蜜蜂视力应用于人类的讲座
08142	女士买冰箱，对比不同品牌	一年一度的长跑比赛	男女生讨论教授对课堂陈述的要求	电动汽车的发展及对环境影响的介绍
08143	男士咨询租房服务	公路、铁路、轮渡的交通堵塞	导师与学生讨论教学研究方法——观察法	有关松树的调查研究
08144	女士搬家后希望在健康中心注册聘请私人医生	一个动物园中北极熊生活习性的介绍	男女生讨论学术报告的提纲结构	超市货品摆放布局
08145	女士给女儿到学校报名	汇演活动节目介绍	一女生要求换课以及学习中碰到的问题和对策	成功的商业运作模式讲座

Version Number	Section One	Section Two	Section Three	Section Four
08146	音乐老师与家长关于选课意向、课程时间调整等的电话对话	环保及垃圾回收问题	男教授与男女学生关于语言学习问题的讨论	男士关于郊区发展的介绍
08147	女生向男生交待住宿情况	植树的好处与坏处	学生询问选题汇报时间、所需材料及内容	英法合建海底隧道
08148	女士房屋保险咨询	介绍不同电视节目类型及评价	一女生和一男生讨论关于公司机构的论文	男女寿命差别及男人健康讲座
09101	女士给女儿到学校报名	关于一个商场的广告推广	学生就校园不同设施存在问题的调查结果及改良方案做课题汇报的讨论	一个女学生介绍关于13世纪的乡下生活
09102	预定酒店开party	介绍不同电视节目类型及评价	一女生去酒店打工然后要做演讲汇报，与同学的对话	关于脂肪及其替代品的讲座
09103	澳洲旅游	三个节日活动推荐介绍	导师与学生讨论教学研究方法——观察法	介绍一个纽约的摄影师
09104	咨询如何寄包裹到美国	对书店设施位置的介绍	两个学生关于成人学生学习情况调查汇总	地图的发展史
09105	一个女士从新西兰到澳大利亚来工作	垃圾桶的分类及使用	两个学生与导师的有关网络调查讨论	关于人们对医疗体系意见的调查
09106	女生兼职面试	工厂实践介绍	讨论会计和日语课程安排及学习问题	计算机对教育的影响
09107	坐公交车丢失行李，填报失单	关于一个野生动物志愿者组织的介绍和活动安排	男女生讨论教授对课堂陈述的要求	学习研究的项目介绍
09108	关于社区居住环境的调查	介绍三个艺术家的兴趣爱好	两个学生和导师讨论在公司实习的事情	英国传统的纺织业
09109	电影俱乐部会员咨询	有关恐龙博物馆	在墨西哥沙漠调研实习的介绍	建筑作业要求
09110	一位女士打电话为旅游预定酒店房间	给实习生介绍酒店情况	三个同学讨论两所大学的课程	电动汽车的发展及对环境影响的介绍
09111	四种房源住宿情况对比	煤矿博物馆介绍	一女生要求换课以及学习中碰到的问题和对策	女生关于澳洲一座旧矿山的课题汇报
09112	一个女孩租的房子有问题，找到中介修理	到加拿大旅游参观	学生向老师汇报男女生对比研究结果	单性别学校和混合性别学校的研究
09113	周末四种不同报告活动形式内容介绍	动物园工作人员作动物相关知识讲座	女生三种微型火箭制造实验对比	体育课的好处
09114	音乐老师与家长关于选课意向、课程时间调整等的电话对话	介绍小岛旅游	对比所挑选的两本教科书	学校举办学术会议情况介绍
09115	男人购买烧烤工具，不同型号对比介绍	学校组织旅游介绍	观鸟实验介绍	孩子未来教育的发展方向
09116	女生咨询兼职工作	大学校园设施地图	教学科目方法	介绍国家公园地图绘制情况

Version Number	Section One	Section Two	Section Three	Section Four
09117	男女关于展览情况的咨询介绍	澳洲机场检疫服务	男学生从化学专业换到工程学专业	关于工程设计的讲座
09118	告别派对饭店预定	卡通漫画展览	女学生向男导师汇报有关伦敦西区论文写作情况	介绍一个太阳能水净化系统
09119	旅游调查	三个节日推荐活动介绍	讨论新生入学注意事项及建议	关于人们对医疗体系意见的调查
09120	绘画课程咨询	一个旅游中心的负责人向新员工介绍公司情况	经济系女生因抵触统计学课程与导师探讨解决方案	一座建筑物的历史变化
09121	两名男学生合租房子	有关红松鼠的摄影介绍	女生做的一咖啡公司的调查报告分数不高，与老师探讨原因	鲨鱼研究调查
09123	野营咨询	有关恐龙博物馆	师生商量因伤落课的补课事宜	矿石开采的历史及矿灯的变迁
09124	参加俱乐部	孩子家长活动介绍	男女生讨论分工做课题汇报	关于澳大利亚水资源问题的讲座
09125	有关电话购物	学生足球俱乐部介绍	两个老师谈一本关于电脑对教学影响的书	不同公司企业文化管理风格特点
09126	一位女士要找工作，向一位男士咨询工作情况	房屋广告布局及优缺点	男女生进行有关儿童健康饮料的市场调研，讨论每周完成方案	澳洲交通工具的发展
09127	安排酒店接待	冰壶运动介绍	学生关于音乐对人们进食影响的调查	介绍澳大利亚的五个环境问题
09128	电影院预定座位	学校开放日活动介绍	女学生和教授谈求职注意事项	讲新产品的研发推广和顾客需求之间的关系
09129	旅游度假预订彩虹酒店	介绍三个艺术家的兴趣爱好	男女生关于新旧车比较及安全问题调查	有关动物的研究报告
09130	女生兼职面试	维多利亚女王博物馆介绍	女学生和导师谈论作业、实验汇报及选课事宜	关于大学生就业的分析
09131	四种房源住宿情况对比	国家公园介绍	老师讨论课程设置和教学方法	商学院学生课外实习要求
09132	一位女士请家政服务	关于一个科学中心的介绍	导师和两个学生讨论论文写作	水的储存
09133	女士电话咨询医生关于看眼睛的问题	旧区改造介绍	学校设施的评价和改造	北美土著人住房的各种建筑风格及材料
09134	一家人从美国搬到澳大利亚需要租房子	防火注意事项	两个同学填写课程、教学设施评估表	关于沼泽地保护的话题
09135	女士房屋保险咨询	汇演活动节目介绍	研究课题的优缺点对比	热带水果
09136	关于电话安装使用费用咨询	环保及垃圾回收问题	新生入学	黑猩猩行为研究

Version Number	Section One	Section Two	Section Three	Section Four
09137	加入健身俱乐部	工作条件介绍	男生和女生关于发动机设计的课题讨论	本科生、研究生小组阅读
09138	举办宴会，三个酒店咨询对比	动物园中北极熊生活习性的介绍	风力发电的利用	无人驾驶汽车设计竞赛
09139	男士打电话向中介询问租房子的情况	如何节省汽车燃料消耗	男女生分工课题研究	辣椒的用途
09140	警察询问女士家被盗情况	加热器介绍	男女生做商业课题研究	有机农作物
09141	男生向当地旅游管理员咨询	学校提供兼职工作	男生缺课向女生讨教要交的作业	某人开轮船公司的创业史
09142	男女生关于网上购物的聊天对话	节日活动安排介绍	化妆品研究讨论	关于大学生就业的分析
09143	预订旅游住宿	一个非赢利艺术机构的介绍	男女生讨论如何选课	超市货品摆放布局
09144	一个女士给主办方打电话，咨询比赛的相关情况	学前班介绍	学生讨论关于澳洲蜜蜂和亚洲蜜蜂对比的课题	关于澳洲达尔文和阿德莱德之间的铁路
09145	舞蹈课程咨询	有关就业课程的介绍	介绍一个学习中心	鲨鱼研究调查
09146	关于预订农场活动的对话	一个旅游中心的负责人向新员工介绍公司情况	教授和学生讨论其缺课的内容	关于澳大利亚水资源问题的讲座
09147	为父亲庆祝生日，选择酒店	建立儿童花园	师生关于过去一年的进步和未来一年的计划的讨论	成功的商业运作模式讲座
09148	男人打电话向搬家公司索赔弄坏的东西	介绍博物馆的展览	讨论新生入学注意事项及建议	关于建设风力电站对鸟类生活的影响

从上表可以看出，雅思听力考试的四个章节（section）所涉及的内容背景是各有侧重的。

Section 1为生存背景相关内容，这部分背景涉及的是国外生活的各个方面，如：租房、购物、旅行、咨询、开账户、开派对、看病、保险、找工作等日常生活常见的几个方面。

Section 2为文化背景相关的内容，这一部分主要是向考生介绍英国、澳大利亚等国的风土人情，如：特色旅游、电台节目、社交生活、慈善事业、传统节日、各种培训课程介绍等等。

Section 3为与课堂内外学习背景相关的内容，这一部分场景往往都限定在了与学校学习生活相关的课前、课后的导师个人指导、课下讨论，如：课程选择、新生入学介绍、图书馆的使用以及学习经验交流等。

Section 4为课堂上讲座背景内容，这一部分场景是以人文科学和自然科学等为话题展开学术讲座，如：环境科学、生物科学、商科、天文学、考古学、历史学等。

所以雅思考生要多了解一些英联邦国家的文化、生活和风俗习惯，在雅思听力考试中扩大背景知识、人文知识，比如心理学、食品文化、历史、文学、音乐、人物等等，一定要开阔眼界，做一个“上知天文，下晓地理”的多面手（Jack of all trade）。

4 心理素质

心理原因在雅思考试当中是不容忽视的。紧张、注意力不集中、疲倦等对听力考试都有很大的影响。好多考生在模拟考试和实际考试时会出现1到2分的“落差”，这种心理失误一开始就应该引以为戒。雅思听力考试虽然有些难度，但只要按照正确的方法加以练习，取得让自己满意的成绩决不是梦想。

考场应试时一个十分提倡的心理素质就是：non-judgement（心理真空），即古人所说的“无为而无不为”，在应试或人生的关键时刻，心理的真空正是内心平衡的保证，是成功与否的关键。相反，紧张慌乱，忧心忡忡，顾此失彼，只会使内心失去平衡，导致失败。试想一下，足球明星在临门一脚的当口，脑科专家在动手术的片刻，脑海中是不可能千头万绪的，甚至也不会考虑有把握与否。但是很多考生会说：一紧张，一慌乱，我的脑子就……

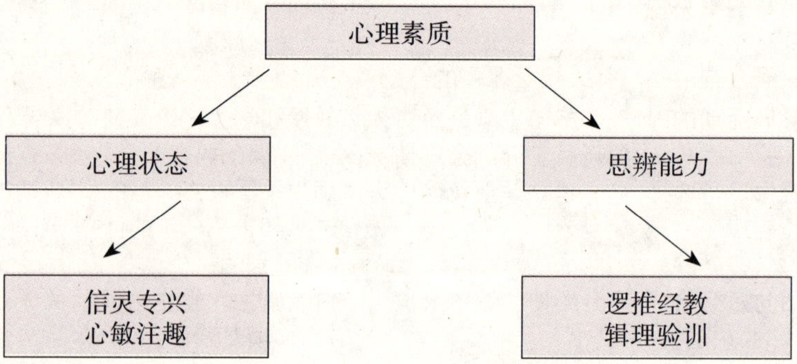

心理状态涉及兴趣、专注、灵敏、信心；而思辨能力总括了分析、记忆、辨异、归纳、决断等诸方面；这两者综合起来，便是人的心理素质。听的时候不走神、自信、听到答案时马上下笔、没听清时果断放弃等等，这些好的素质培养是从平时备考练习时就要注意的。考生在考试前必须做到：

※ 考前一周调整好生物钟，早晨九点开始听力兴奋点；

※ 古人云，不战而屈人之兵，很大程度上取决于心理因素。所以不要给自己任何负面的心理暗示，早上起来大声地告诉自己：我这次一定可以过的，我很强的。然后可以听一些轻音乐舒缓自己紧张的情绪；

※ 雅思听力考试是四门考试的第一个部分。因此考生在进考场之前可以听一些雅思听力考试真题进行预热，熟悉语速及声调，这样在真正考试时就能很好地进入状态，同时也能帮助缓解紧张情绪。但一定要拿一套平时听得很熟的真题来听，千万不要找陌生题来听。

总之，良好的语言水平、熟练的解题技巧、适当的背景知识以及稳定的心理素质是雅思听力考试中取得高分所要具备的必要条件。

第三章

双向听力法——雅思技能破解

IELTS

CHAPTER THREE

雅思听力高分技能

- 听主旨
- 听具体细节信息
- 选取相应要点
- 听路标信号词
- 注意重读和语调

听力的重要技能主要有：听主旨，听具体细节信息，选取相应要点，听路标信号词，注意重读和语调。

1 听主旨

即听主要框架结构(skimming — listen for the gist)：说话人在谈论什么？主要内容是什么？是如何发展的？我们在和别人说话时或听其他人谈话时，会下意识地把我们所需要的信息或我们感兴趣的信息和我们所听到的其他内容区分开来。换句话说，我们把主要内容和次要细节区分开来。

Tip:
英文讲座的结构和中文的结构是完全不同的。中文讲座，讲座者首先给出背景，接着给出一些初步观点和例子，主要观点和画龙点睛之笔往往放在结尾处，而英文讲座是与此完全相反的。

TASK 5

You are going to listen to a lecture on "global warming and its effects on coastal areas". Before listening to the lecture, predict as much as you can about what you are going to hear. Then listen to Task 5 once only and decide which of the following notes (A, B, C) contains all the main points of the lecture.

A Read (for tutorial next week) Henderson-Sellers and Blong (Greenhouse E.)
Pearman (review of issues in Australia)
Lovelock (general introduction)

Effects of sea-level rise (difficult to predict precise rise)

1 Damage to infrastructure (roads, rail, etc).
2 Shoreline retreat.
3 Coastal flooding, n.b. Brisbane.
4 Saltwater penetration, e.g. Myall Lakes (affects irrigation, drinking water).
5 Tidal flooding.

B Australia has 12,000 kilometre coastline: range of natural disasters.
Greenhouse Effect, Henderson-Sellers and Blong, Lovelock and Pearman.

1 50 metre rise causes damage to ports, roads~ rail links.
2 Blue area on map indicates predicted flooding in Brisbane.
3 Saltwater destroys freshwater ecosystems.
4 Prinking water a problem.

C Many natural problems in Australia, e.g. flood, drought, cyclones.

1 Flooding of coastal structures.
2 Sea moves inland (e.g. Gulf of Carpentaria).
3 Beachfront apartments float away.
4 Myall Lakes will reconnect with the sea.
5 Cyclone Tracy Dec. 25, 1974.
6 Increased deposits cause shoreline to extend in some areas.

2 听具体细节信息

有时我们只需找出某些具体信息，如日期、时间、地点、名字，或者两组信息的具体区别，即，听具体的细节（scanning — listen for specific information）。

TASK 6

You will hear a radio program on the ancient game of Go. Write no more than three words and/or a number for each answer.

History	Game invented in **1** .... about **2** .... First played in Japan in **3** .... Moved to Europe in **4** ....
Name in other countries	The word "Go" comes from **5** .... Known as wei chi in **6** ....and baduk in **7** ....
Board	Played with black and white stones on board with 19 x 19 **8** ....
Aim	To surround opponent's stones and **9** ....
Interesting because	Rules very **10** ...., strategy very **11** ....
Played by	More than **12** ....

3 选取相应要点

考生在正式听题前，需要明确所关注的关键词是什么。如果考生能分析出将要听什么样的信息，这对理解所要听的内容是十分有利的，也就是extracting relevant points to answer the questions。

TASK 7

You are going to hear a lecture about the blue whale.

The information in the talk can be grouped under these headings.

- physical dimensions
- location
- communication
- numbers

A Write down at least two questions that you have for each heading and listen to the lecture and try to answer the questions.

B Note down the statistics about the blue whale population that you hear.

4 听路标信号词

实际上，听力需要听的主要是名词、复合名词及名词短语。英文句子中50%以上的词除了语法及文体用途外是没有实际意义的，因此在听英文的时候，考生无需逐字去捕捉信息，而只需把握核心信息，如：名词，修饰词，限定词，语篇信号和标志等。

修饰词

修饰词可以是形容词、名词或形容词短语、副词短语等，在听力过程中容易出错的是副词，如：almost, hardly, merely, only, even, just, nearly, simply 等。

限定词

限定词往往限定名词，最常见的限定词是the, a, an，其他的限定词，如：
my, his, her, this, that, another, no, some, any, each, every, certain, 1/2, 1/3 等。

※ 语篇信号

表示列举、增补关系的信号词

and, in addition to that, one more thing, what's more, besides, either, also, too, as well as, for instance, both and, together, for example, further more, such as, in addition, likewise, like, similarly, moreover ...

表示转折关系的信号词

although, by contract, as a matter of fact, nevertheless, in contrast, instead, however, while, otherwise, though, but, despite, on the contrary, on the other hand, in spite of, yet, whereas ...

表示顺序或序列关系的信号词

first, before, first of all, on the right/left, next, to begin with, turn right/left, afterward, meanwhile, second, last but not least, for a start, third, finally, until, between, firstly, subsequently, then, secondly, previously, in the middle, for one thing, for another, after, in the first place ...

表示解释或强调关系的信号词

that is, in particular, I mean, namely, especially, actually, in other words, that is to say, specially, another way of saying, equally...

表示归纳、结论性关系的信号词

as a result, altogether, finally, in short, therefore, overall, in sum, thus, on the whole, in brief, accordingly, to conclude, in a word, consequently, to sum up, in conclusion, so, to summarize...

表示因果关系的信号词

owing to, due to, cause by, the cause of, spark off, give rise to, provoke, generate, bring about, lead to, stem from, arise out of, reason for, motive, prompt, with the aim of, with a view to, on the grounds that, purpose of, as a result, therefore, since, for, for this reason, so, because, consequently, as, thus, to result in, outcome, upshot, to ensure…

表示条件的信号词

if, on condition that, provided/providing that, as long as, whoever, however, whenever, wherever, whichever, no matter, condition, prerequisite, requirement, （under any）circumstances…

表示时间的信号词

before that, earlier on, prior to, previously, formerly, while, as, just as, during, throughout, at the very time/moment, after, then, after that, afterwards, following, when as soon as, once, the moment/minute, the time (that), on that occasion, in the meanwhile, till then, since then, by the time …

※ 新信息导出信号

新信息的导出往往是答案的所在，当说话者要给出新信息时，往往会有一些标志信号。在一句话中，这些词出现往往会有新信息导出：

连词

and, but, or, because, when, while, whilst, so that, immediately, now, once, the moment that, if, although, nevertheless, on condition that, provided that ...

关系代词

that, which, who, whom, whose ...

副词短语

admittedly, after all, for all that, it' s all very well, that' s all well and good/fine and large ...

在一段独白或对话的开始，这些词出现往往有新信息导出：

good, great, now (then), okay, right, so, well (then), hang about/on, hold on（希望不要被打断）, listen, look（引出观点或建议）...

在正式讲座中会通过这样的一些标志信号导出新信息，如：

first/firstly/first of all, for a start, to start with..., let's start with..., and now (we will), I' d like now to move on to..., now tell me..., before I move on to..., and what about..., next I'd like to…, one more thing, finally/lastly, can you tell us…

以重复、举例等标志信号导出新信息，如：

as it were, so to speak, for instance, for example, in other words, that is (to say), you see...

以表示评论、对比、更改说话者的观点的标志信号等导出新信息，如：

in contrast, mind you (however), on/to the contrary, on the one hand... on the other hand ,quite the opposite...

表示说话者犹豫的标志信号导出新信息，如：

kind/sort of, let me see/think (gaining time), you know ...

TASK 8

Speakers often indicate these functions by using "marker" phrases. Match the phrases in the left-hand column to the descriptions in the right-hand column. Some functions correspond to more than one marker phrase.

1 introducing a new topic
2 emphasising a main point
3 giving an example
4 giving instructions
5 contrasting
6 restating information in different ways
7 giving irrelevant information
8 making a summary

A "what I mean by that is ..."
B "to put it another way ..."
C "so what we've got so far is ..."
D "I'm going to kick off by talking about... "
E "what you've got to realise is ..."
F "that reminds me of the time my husband and I ..."
G "the crux of the matter is ..."
H "as we've seen today ..."
I "in other words ..."
J "this is not always the case ..."
K "the next thing we'll be looking at..."
L "there are three main concepts you should bear in mind ..."
M "however, you've got to remember..."

5 注意重读和语调

听力的另一重要技能是重读和语调，讲座者在使用路标词的同时可能还会使用重读和变换语调。最重要的信息词汇将被重读；语调将告诉考生录音中说话者表达的是陈述还是疑问。例如: 说话者在列举事物时常使用重读和变换语调，说话者在列举事物时的每一个单词都是上扬的，语调逐渐提高，直到最后一个才变为降调，如果语调不下降，说明说话人还没有说完，即还没有完全列举完。再例如，在英文句子的结尾，声音经常明显降低，在下一个句子开始，语调将再次上升。 讲座者为了让听者听懂所讲的内容，经常会在讲座中夸大重读和语调的变换。此外，在学术语篇中，问句远比想象的要常见一些，这些讲座者的提问是不需要听者真正回答出来的修辞性疑问句，也就是反问和设问。讲座者常常使用重读和语调把听者的注意力吸引到要点上，它们被当作一种信号来提示说话者将要说的重点内容，因此考生识别这些谈话方式对于捕捉重点信息内容有极大的帮助。

TASK 9

First read the following lecture aloud and try to predict what intonation patterns you will hear and what words will be stressed and then listen to the lecture and follow the speaker's direction.

Over the last twenty-five years, researchers in education have made two important points: the first is that learning is more important than teaching; and therefore, that what students do is much more important than what teachers do. Think about that for a moment—what students do is much more important than what teachers do.

And the second point, which follows from the first, is that students take different approaches to learning, or in other words, students learn in different ways. It's possible to divide these different approaches into two main types: the *deep* approach to learning and, by contrast, the *surface* approach to learning.

Let's look first at the deep approach. Students who take a deep approach aim to understand and use the subject. They also value the subject: they think it's important and, usually, enjoyable. What are the characteristics of these learners? Well, first of all, they actively try to understand the material they are learning and the subject in general; and second, they are motivated by interest; they also take a general view of the subject and relate different ideas to each other. For example, they relate new ideas to what they've already learned, and they relate ideas to their everyday life and experience. Finally, They tend to read and study more than the course actually requires them to. So, that's the deep approach.

Students who take a surface approach on the other hand, have the main aim of passing an exam or getting a qualification. They are not so interested in the subject itself or in really understanding it. Of course, teachers generally think that most students take this approach. How can this approach be characterized? Well, for a start, these students try to learn in order to repeat what they have learned: they memorise information needed for tests; they make use of rote learning — that is, they repeat information again and again until they can remember it by heart. Second, they take a narrow view and concentrate on detail, rather than on the "big picture". And they tend to do only what the course requires them to do and no more. Finally, they are motivated by fear of failure — they are afraid to fail the exam.

Educators believe that the most effective *students* are those who take a deep approach, while the best *teachers* are the ones that encourage students to take a deep approach: to be motivated, interested and really try and understand what they are learning.

第四章

双向听力法——雅思技巧破解

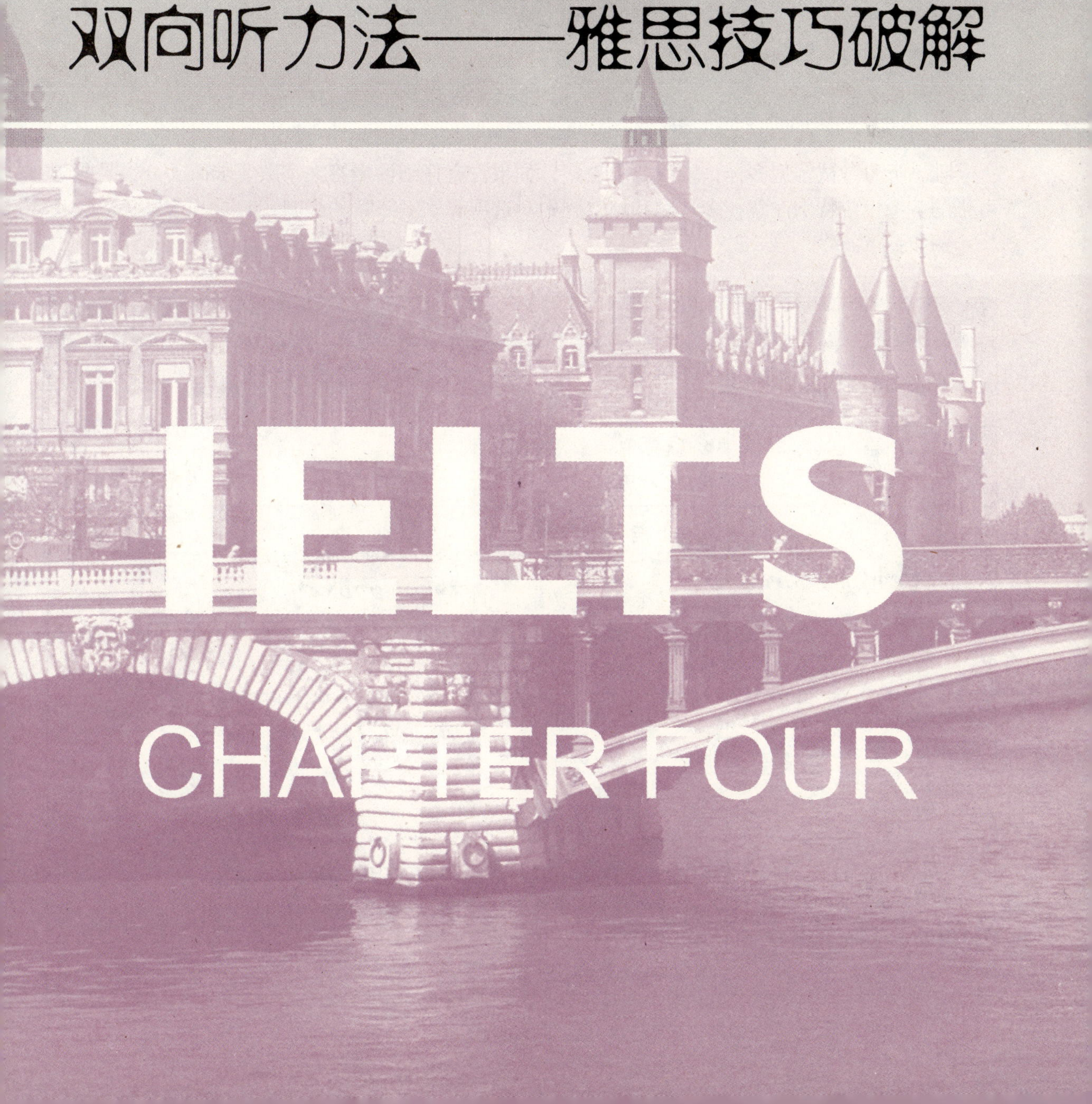

IELTS

CHAPTER FOUR

1 双向听力雅思解题技巧

1.1 审题技巧

雅思听力考试的四部分，每部分前后都穿插有正式放音做题前的10~30秒和做题后30秒的检查时间，考生应充分利用这几十秒的时间迅速读题，熟悉问题，尽量多地解读试题中出现的信息线索，进行审题预测。

1.1.1 仔细阅读题目答案要求

雅思听力考试题型多样，题目要求也多，如果没有仔细读懂答案字数要求而丢分，是非常可惜的。考生应特别注意在多选题和填空题中对选项和答案字数的限制。

例如：

答案要求	含义	举例	
Circle the correct letter.	如果没有限制数目，通常是单选题	录音：I have been here for one year and six months.	
*Circle **TWO** letters.*	多选题，选两个答案（答案没次序限制）	答案要求	答案
*Write **ONE WORD AND/OR A NUMBER** for each answer.*	答案是一个单词 或者 答案是一个数字 或者 答案是一个单词+一个数字	**Write **NO MORE THAN TWO WORDS** for each answer.*	eighteen months
*Write **NO MORE THAN TWO WORDS OR A NUMBER** for each answer.*	答案≤两个单词 或者 答案是一个数字	**Write **ONE WORD AND/OR A NUMBER** for each answer.*	1.5 years
*Write **NO MORE THAN THREE WORDS AND/OR A NUMBER** for each answer.*	答案≤三个单词 或者 答案是一个数字 或者 答案≤三个单词+一个数字	**Write **NO MORE THAN TWO WORDS AND/OR A NUMBER** for each answer.*	eighteen months 或者 1.5 years均可

续表

答案要求	含义	举例
Label…Write ***NO MORE THAN TWO WORDS*** *for each answer.*	根据lable标签这个单词，考生可知此题一定是关于图的题目，答案≤两个单词（不能写数字）	注意： * twenty-five 是一个单词 * target at 3-9 years old children 3-9是一个数字 * 28.08.2008 28.08.2008(2008年8月28日)是一个数字 * mustn't等缩略词属于两个单词

1.1.2　快速预览划出题目关键信息

雅思听力考试录音只放一遍，而且每节的对话或独白中出现的信息点多达十几个甚至几十个，但真正考试只考其中的十个信息点，因此要求考生在正式听题前必须做好充分准备，以确保心中有数，排除干扰信息，滤出不相关内容，提高听题的敏感度和效率。因此，迅速划出卷面上的关键信息，了解题目的方向和聆听重点极为重要。

那什么是试卷上的关键信息呢?

— 主语

— 谓语动词

— 限定词（程度限定、时间限定、地点限定）

— 卷面上特殊排版符号字体

考生可以通过这些关键信息定位，预测试题的出题节奏和规律，再根据雅思听力考试的顺序原则，有序听题。

1.1.3　听录音指示了解语言背景

当录音中出现section 1…, section 2…, section 3…, section 4…时，考生应立即从读题预览中转变思路，回到听录音指示阶段。录音指示会告诉考生：

— 录音情况，如：访谈，咨询，讲座等

— 说话者，如：学生，教授，房屋中介工作人员等

— 背景话题，如：应聘工作对话，澳洲环境问题讲座，教师给学生作业辅导等

— 回答哪几个问题，如：section 1会有一个能听到的example，先回答1~5题，section 4通常需要连续回答10道题，即31~40题等

考生必须注意聆听这部分，因为录音指示能较好地帮助考生预测答案信息。

1.1.4　预测答案所需信息

准确的预测对考生来说是非常重要的。在现实生活中，我们可以通过上下文、说话者以及

话题下意识地推测出说话者将要说些什么，把我们推测的内容和真正听到的信息进行比较。可见推测技能是天生的，不是为了应试而现去学来的。因此在外语环境中，当我们不能很好地理解说话者所表达的信息时，预测能帮助我们很好地捕捉、理解信息，在考试中帮助考生更准确地找到答案。

在雅思听力考试中，考生在审题阶段对答案的可能性作一个预先的解读和猜测，可以帮助考生在听试题的过程中掌握更多的主动。具体讲，就是预测说话者可能问些什么、做些什么、打算些什么、讨论些什么。在section 4，尽量预测观点、论据、论点等，尽量预测他们可能会说些什么，也就是说话者可能会用上哪些词汇。预测分三个阶段：预测话题→形成词汇联系→找到答案。考生把自己头脑中猜测期待的信息和录音中听到的真正答案信息相匹配，如果配对相符，答案便迎刃而解。事实上，很多考生是在读题的过程中把预览和预测同时进行的。

预测答案包括：

— 预测答案的词性

— 根据问题本身预测答案

如：In which country did “Clean Up the World” first get going?

预测：这道题的答案应该是一个国家。

Check notes with ...

预测：这道题的答案应该是一个人。

— 预测含有数字的信息

— 预测大写专有名词

总之，考生如果能把握好正式录音前后的间隙时间充分审题，做出准确的分析和预测，从某种程度上讲，考生已经开始答题了，因为真正的听题阶段，考生是根据之前做好的审题工作，有目的地听题的。请考生务必记住做题的过程是在listen for答案信息，而不是单纯地listen to。

1.2 听题技巧

1.2.1 忽略误导信息，捕捉准确答案

雅思听力考试不仅对考生接收信息（听）和产出（写）的能力加以考核，同时还要求考生能在大量信息中筛选出正确的信息，忽略误导信息，以防落入干扰陷阱。如何辨别哪些是需要的信息而哪些是混淆视听的呢？这有时需要考生能够区分近音干扰——即把录音中听到的某个词语与另外一个与之读音相似的词语相混淆，从而对上下文意思理解有误而答案信息出错；而有时需要考生把握整个句子结构，从典型的信号词中把握主次，辨别真伪。

例如，雅思听力考试中最具代表性的两类信号词：否定关系信号词、转折关系信号词。

否定信号词：no, not, none, never, neither, nor, hardly, rarely, seldom, scarcely, barely, too… to…, rather than, instead of, little, few, at no time, by no means, be free of / from等等，当考生听到这些否定信号词时，应把否定信息排除，不要受到这些信息的干扰和障碍。

转折信号词表示信息的前后关系发生变化，考生只要听到转折信号词，就必须要捕捉信息的重点，从而写出正确的答案。

如：but，however，yet，whereas，unfortunately，while，nevertheless，on the contrary，on the other hand等，出现这类转折连词时答案往往在转折连词之后，而转折连词前的信息则是干扰信息，应当忽略；而若出现although，though，despite，in spite of，apart from等转折连词，紧挨着这些连词后的是干扰信息，不是答案，其再后的信息往往是正确答案。

Tip:
but在听力试题中被吞音的现象相当严重，考生应注意信息前后的逻辑关系转折变化。

Tip:
考生在听题时要把握大意。很多一开始就出现的信息不一定就是答案，speaker有可能在不停地改主意，越靠后的相关信息更有可能是答案，顺序原则。

1.2.2　注意不同的表达方式

本考点主要测试的是考生的听力理解能力，测试考生能否对有相关和相近含义的单词、短语、句子进行联想和联系，同时也是对考生词汇量的考核。考生在听此类试题时，应根据不同的场景和上下文掌握全局概念，非逐字逐句的理解。考生在听题过程中，不应一味等待和原文一样的文字信息在录音中出现，而是必须迅速对试卷上的文字和录音信息的内在联系做出反应。

常见雅思听力考试的转述信息主要有：

同义词和近义词的转换，如：

essential — most important

approach — method

fortnight — fourteen days/two weeks

rear — back

句式的转换，如：

主被动的转换

题目：The passengers were rescued by ....

录音：Boats and pleasure-craft were able to come to rescue the boys.

因果关系转换

题目：This pressure caused by.................. .

录音：The population shift was putting pressure on coastal environment.

上下词义联系(这些单词在词意上并不相同或相近，但在一定的上下文场景里存在着一定的联系，如：笼统信息和细节信息的关联)，如：

accommodation — homestay

financial affair — scholarship

Tip:
雅思听力考试过程中，很多时候答案信息或核心信息会在录音中重复出现。有时是简单的重复，更多的情况下是换一种表达方式来重复。考生应特别留意这种回答问题所需信息的重复出现。

1.2.3 掌握做题节奏，带着至少两组关键词聆听答案

随着听力考试的进行，信息量逐步增多，许多考生在听取答案时的一个尴尬问题就是很难把握做题的节奏，只要遗漏一道试题，紧接着两道甚至是三道试题一气丢掉。怎么能避开这种情况呢？

首先考生带着关键词定位答案信息时，不应每次只带着一道题的关键词去定位答案，而是应该在听这道题的同时，同时关注着下一题的出现，即至少带着两道题甚至三道题的关键词去聆听答案。

此外，考生在听对话场景时，应特别注意说话者对话间的逻辑关系，而听独白场景，肯定会有一些表示信息前后关联的信号词在帮助信息的发展和推进。

例如：

Addition 附加	Sequence 顺序	Consequence 结果	Contrast 对比
in addition and similarly likewise as well as besides furthermore also moreover and then too not only…but… even besides this/that	first(ly) initially second(ly) to begin with then next earlier/later after this/that following this/that afterwards	as a result thus so therefore consequently it follows that thereby eventually then in that case admittedly	however on the other hand despite in spite of though although but on the contrary otherwise yet instead of rather whereas nonetheless even though compared with in contrast alternatively
Certainty 肯定	**Condition 条件**	**Definition 释义**	
obviously certainly plainly of course undoubtedly	if unless whether provided that for so that whether depending on	is refers to means that is consists of	

续表

Example 列举	Reason 原因	Time 时间	Summary 总结
for instance one example for example just as in particular such as namely to illustrate	since as so because (of) due to owing to the reason why in other words leads to cause	before since as until meanwhile at the moment when whenever as soon as just as	in conclusion in summary lastly finally to sum up to conclude to recapitulate in short

在雅思听力考试中，这些表示承接关系的信号词一般不会作为答案信息出现，但考生在听录音时，应对这些词格外敏感注意，因为这些单词、短语起到承上启下的作用，指示录音进行到哪里，帮助考生掌握录音发展的节奏，是考生定位答案信息的关键所在。

1.3 誊写检查技巧

1.3.1 猜测未回答问题的答案

考生即使对某个问题的答案没有把握，也应根据题目上下文或常识猜测答案写在答题纸上，因为雅思考试对于错误的答案是不扣分的。既然不会丢分，那么对答案进行猜测要比留空白好。

1.3.2 拼写&语法

拼写错误是雅思听力考试最常见的错误，雅思指导手册上清楚地写着“poor spelling and grammar will be penalized in IELTS Listening”，如果考生不能保证所要填写的答案拼写正确的话，是不能得分的。考生首先要保证单词拼写的准确度，其次要注意名词单复数、动词第三人称单数、-ing形式、-ed形式等的拼写。它们的变化有时是规则的，有时是不规则的，对于不规则的这部分，考生应格外留意。由于雅思听力考试名词性的信息相对多一些，下面把名词的不规则复数形式做一介绍：

> **Tip:**
> 雅思听力考试的答案信息往往没有什么过于复杂的词，考生如果感到听到某个答案信息有点复杂，应考虑这个答案有可能是两三个小词的组合，一般不会是一个过于复杂的词汇。

1.3.2.1　不规则复数形式

— 加s的一些特殊变化

- 名词以 -s, -z, -x, -sh, -ch 结尾，加 -es

  如：buzz/buzzes, box/boxes, bush/bushes, glass/glasses, switch/switches
- 名词以 -o 结尾，加-es

  如：echo/echoes, hero/ heroes, potato/potatoes

  例外： kangaroo/kangaroos, piano/pianos, studio/studios, zoo/zoos

  两者均可：buffalo/buffalo(e)s, cargo/cargo(e) s, motto/motto(e) s, volcano/volcano(e) s
- 名词结尾是辅音加 -y, 变 -y为-i再加 -es

  如：baby/babies, poppy/poppies, spy/spies
- 名词以-f, 或 -fe结尾，变 -f为 –v加 -es

  如：knife/knives, shelf/shelves, wife/wives, wolf/wolves

— 从其他语言中变化而来

- 单数结尾为 -is，复数结尾为 -es，如：analysis/analyses, basis/bases
- 单数结尾为-um，复数结尾为 -a，如：curriculum/curricula, datum/data
- 单数结尾为-on，复数结尾为-a，如：criterion/criteria, phenomenon/phenomena
- 单数结尾为-a，复数结尾为-ae，如：formula/formulae, antenna/antennae
- 单数结尾为-ex 或 -ix，复数结尾为-ices，如：appendix/appendices, index/indices
- 单数结尾为-us，复数结尾为-i，如：focus/foci, stimulus/stimuli
- 单数结尾为-us，复数结尾为-ora 或 -era，如：corpus/corpora, genus/genera
- 单数结尾为-eau，复数结尾为-eaux，如：beau/beaux, bureau/bureaux

—只有复数形式的名词

- 成双的东西

  如：服装：jeans, pants, pajamas, shorts, trousers

  工具：binoculars, forceps, glasses, scissors, tongs, tweezers
- 以-s结尾，习惯用作复数

  如：mends, archives, arms（武器），bowels, brains（头脑，智力），clothes, communications, congratulations, contents, goods, intestines, stairs, thanks
- 复数名词不加s

  如：cattle, deer, people, police, sheep

Tip:

这些单词在考试中出现过,你能区分它们的含义吗?

authority — authorities
cloth — clothes
custom — customs
paper — papers
regard — regards
ruin — ruins
sand — sands
spectacle — spectacles

不规则名词复数

单数	复数	单数	复数
alumnus	alumni	louse	lice
analysis	analyses	man	men
antenna	antennae/antennas	matrix	matrices
appendix	appendices	means	means
axis	axes	medium	media
bacterium	bacteria	mouse	mice
basis	bases	nebula	nebulae
beau	beaux	nucleus	nuclei
bureau	bureaux/bureaus	oasis	oases
child	children	ox	oxen
corpus	corpora/corpuses	paralysis	paralyses
crisis	crises	parenthesis	parentheses
criterion	criteria	phenomenon	phenomena
curriculum	curricula	radius	radii
datum	data	series	series
deer	deer	sheep	sheep
diagnosis	diagnoses	species	species
ellipsis	ellipses	stimulus	stimuli
fish	fish	stratum	strata
focus	foci/focuses	synthesis	syntheses
foot	feet	synopsis	synopses
formula	formulae/formulas	tableau	tableaux
fungus	fungi/funguses	thesis	theses
genus	genera	tooth	teeth
goose	geese	vertebra	vertebrae
hypothesis	hypotheses	vita	vitae
index	indices/indexes	woman	women

雅思听力考试最需要注意语法现象的是小结填空题和单句填空题，因为是对整个句子中所缺少的信息进行填充，因此考生要对句子进行整体信息把握，必须保证句子的完整性，保证整句话的语法正确，检查所填写信息的词性、时态是否准确等。而其他的一些题型，填写的信息只是要点，因此只需对所填信息本身的语法进行把握即可。由于雅思听力考试名词性的信息相对多一些，因此考生特别要检查所填写信息中名词的单复数、大小写的正确与否。下面把名词需要大写的情况做一介绍：

1.3.2.2　专有名称

— 专有名称的第一个单词、最后一个单词、重要单词必须大写（不包括冠词；五个字母以下的介词），如：of，from；不定式的to；部分连词，如：and，for，or等。

如：Houses of Parliament，Tower of London，Sydney Opera House

— 人名、国籍、种族、宗教、地点、语言、行星等须大写。

如：Kevin，Maggie，William Shakespeare，
Oxford，Cambridge，
Russian，American，Buddhism，Christian，
Jewish，Marriott Hotel，
English，Chinese，Cantonese，Jupiter，Venus等

Tip:
行星须大写，如：Mars火星，Mercury金星等，但是地球the earth，月亮the moon，太阳the sun小写。

— 月份、星期、节日等特殊日子要大写，但春夏秋冬四季要小写。

如：March，August，September，Wednesday，Saturday，Valentine's Day, Christmas, Australia Day等

— 关系称谓须大写（这个关系称谓相当于这个人的名字。但是一旦前面用代词来限定，则不需要大写）。

如：Mr，Ms，Dr，Professor，the Chief Executive Officer 等
I had dinner with Uncle Bill. /I had dinner with my uncle.
I went with Mother to the store. / I went with my mother to the store.

— 特指的人或事情须大写，一般泛指的无需大写。

如：I had dinner with Professor Smith. / I had dinner with the professor.
I signed up for Science 7A and History 9B. / I signed up for science and history.
I went to the University of New South Wales. / I went to the university.

— 当东西南北表示的是位置（官方地名）时必须大写；但如果表示的是方向，则不用大写。

如：I used to live in the West. / I live west of Los Angeles.

Go west. / I live in Western Australia.

The window faces south. /South Africa is a beautiful country.

Some countries are in the Middle East.

一 书、杂志、剧、电影等的第一个单词，以及除第一个单词外的名词、动词、形容词、副词须大写。

如：Wuthering Heights(book), The Economist(magazine), Amadaus(play), Graduate (film)等

1.3.3 剑桥语料库雅思常见错误

根据剑桥学习者语料库Cambridge Learner Corpus, 雅思听力部分考生常见错误如下：

1.3.3.1 The Top 10 Spelling Mistakes 最易拼写错误的十个单词

acco**mm**odation [əˌkɔmə'deiʃən] *n.* 住处

gover**nm**ent ['gʌvənmənt] *n.* 政府

defin**i**tely ['definitli] *adv.* 明确地，肯定地

enviro**nm**ent [in'vaiərənmənt] *n.* 环境

bel**ie**ve [bi'liːv] *v.* 相信

ben**e**fit ['benifit] *v.*有益于，得益 *n.* 益处

begi**nn**ing [bi'giniŋ] *n.* 开始

su**ccess**ful [sək'sesfl] *adj.* 成功的

adverti**s**ement [əd'vəːtismənt] *n.* 广告

collea**g**ue ['kɔliːg] *n.* 同事

1.3.3.2 The Top 10 Uncountable Noun Mistakes 最易出错的十个不可数名词

information	**pieces of** information
advice	**pieces of** advice
transport	**methods of** transport
equipment	**pieces of** equipment
behaviour	**types of** behaviour
research	**pieces of** research
training	training
knowledge	knowledge
software	**pieces of** software
accommodation	accommodation

Tip:

behaviour是英式拼写，behavior是美式拼写。

考生写答案时，可以使用英式或美式中的任何一种，但不要混合使用。

It's my favourite shopping centre.（英式）√

It's my favorite shopping center.（美式） √

It's my favourite shopping center. ×

It's my favorite shopping centre. ×

1.3.3.3　The Top 10 Mistakes Using Nouns With Irregular Plurals 最易出错的十个名词不规则复数形式

单数	复数	单数	复数
life	lives	child	children
belief	beliefs	country	countries
company	companies	hero	heroes
wife	wives	city	cities
sheep	sheep	activity	activities

1.3.3.4　The Top 10 Irregular Verb Mistakes 最易出错的十个动词不规则形式

动词	正确变化	动词	正确变化
write	writing	pay	paid
occur	occurred	study	studying
develop	develo**ped**	choose	chosen
be	being	happen	happened
rise	**rose**	prefer	preferred

2　双向听力雅思题型技巧

雅思听力考试题型一共是八大类十三小类，每次考试会有大致三到四种题型在卷面上呈现出来，因此熟悉考试题型及其相应的解题技巧是极为重要的，下面就不同题型做一具体解题思路介绍。

雅思听力考试题型一览表

<table>
<tr><td rowspan="6">主观题</td><td rowspan="2">图表填空</td><td>个人信息表
Forms Completion</td></tr>
<tr><td>分类比较表
Table Completion</td></tr>
<tr><td rowspan="3">补全填空</td><td>笔记填空
Notes Completion</td></tr>
<tr><td>单句填空
Sentence Completion</td></tr>
<tr><td>小结填空
Summary Completion</td></tr>
<tr><td colspan="2">简答题
Short-answer Questions</td></tr>
<tr><td rowspan="3">客观题</td><td colspan="2">选择题
Multiple Choice</td></tr>
<tr><td colspan="2">分类联系题
Classification</td></tr>
<tr><td colspan="2">配对题
Matching</td></tr>
<tr><td rowspan="4">图示题</td><td rowspan="3">标注题</td><td>地图标注
Labelling a Map</td></tr>
<tr><td>平面图标注
Labelling a Plan</td></tr>
<tr><td>图解标注
Labelling a Diagram</td></tr>
<tr><td colspan="2">流程图
Flow-chart Completion</td></tr>
</table>

2.1 主观题

2.1.1 个人信息表

Forms Completion

个人信息表是雅思听力考试中较有规律性的一种题型，一般在听力考试的第一部分出现，主要考的是听力的一些基本功，如姓名、国籍、电话号码等。难度大时，信息往往只说一遍，不重复。对于这部分题型，要求考生平常多做基本功练习，争取在考试中不要因基本功不扎实而丢分。下面把个人信息表的考试内容做一归纳。

⇨ 解题思路技巧

A. 姓名

1. 西方人的姓名与中国人正好相反，往往名（given name，first name，forename）在前，姓（surname，last name，family name）在后，所以在做这样的填表题时，一定注意问什么答什么，不要填错信息位置。而在考试中问name且没有展开的话则问的是full name（全名）。
2. 西方国家常见人名要求掌握拼写，如在考试中曾出现过填写Helen，Kevin，Mike，Thomason等人名；对于非常见人名，录音中会将人名拼出来。
3. 注意人名首字母一定大写。
4. 在考试中还出现过填写名字的首字母（initial），称谓（title）等。常见的称谓如：Mr.，Mrs.，Miss，Ms.，Professor，Doctor等，注意这些称谓后面一定要跟的是这个人的姓氏。

B. 地址

1. 首先考生应特别注意，西方国家地址表达方法往往以“从小到大”的顺序排列。
House number & street name →Town/city →Country/state → Postcode →Country

> *EXAMPLE*:
> Student: I am in the halls of residence—Spring Court.
> Coordinator: Aah, right... Spring Court, which number?
> Student: 26, 26A.
>
> *KEY*: Address: <u>26A</u> Spring Court ✔
> Address: Spring Court <u>26A</u> ✗
> 注意地址表达按“从小到大”顺序，门牌号应在最前面。

2. 门牌号

区分十几和几十的发音，可从读音长短和重音不同来区别。在考试中门牌号还经常和字母a、b、c等混合，需考生留意。特别是注意区分像40A和48这样易混淆的门牌号。

3. 街道

考试中常见街道，如：Lane小巷，Street大街，Road路，Avenue大道，Drive路，Square广场等。

4. 地名

常见的一些国家和城市名称是要求拼写的，特别是英国和澳洲的一些地名则要更加注意。在考试中出现过如：Sydney悉尼，Melbourne墨尔本，Alaska阿拉斯加，Berlin柏林，York约克，New Zealand新西兰，Western Europe西欧，South Africa南非，USA美国等，均要求拼写。

常见地名须拼写正确，非常见地名只需根据读音写出即可，但要注意有无特殊要求。考生听到录音中出现“My address is 16C Fountain Street. Greenway. ‘Greenway’, that’s one word only.”许多考生写下答案“Green Way”，却不知这是不能得分的，因为原文说这是一个字，Greenway中的w必须小写，答案应为Greenway。

EXAMPLE:

Student: My address is 16C Fountain Street, Greenway. “Greenway” , that’s one word only.

KEY: Address: 16C Fountain Street, Greenway ✔
Address: 16C Fountain Street, Green Way ✗

注意录音中有补充强调信息，Greenway是一个单词，Green和way不能拆开。

5. 邮编

英国的邮编是由字母数字、数字字母混合而成的，如：MK32 6KT，但伦敦与英国其他地区不同，是由London和N、E、S、W方向及街名数字共同组成的， 如：London NW 2。澳洲的邮编则为纯数字信息，如：1000。

C. 日期

雅思个人信息表里经常要填写日期，如：D.O.B.（date of birth）出生年月日，commence date开始日期、开课日期、开学日期等。答案写成“日月，年”或“月日，年”的形式均可，日期写成基数词还是序数词，都能满足给分的要求。但如试卷上有例子，最好与试卷保持一致。特别注意在做题时，题目问的是day 还是date，不要混淆。

EXAMPLE:
Student: It's Friday. That's the 21st of June.

KEY: Day: Friday
Date: 21st June

注意day的答案是星期，date的答案是具体的日子。

D. 数字信息

1. 数字字母混合的基本信息

雅思听力考试中经常要填写一些数字基本信息，其中有些是数字字母混合的信息，如果出现数字字母混合的信息，字母必须大写，如：

passport number 护照号码
driving licence number 驾驶执照号码
license plate number 车牌号
student ID/number 学号
membership number 会员号
medical card number 医疗证号码
flight number 航班号

Tip:
“零”的表达方法, 如:
小数0.8 nought point eight 或point eight或zero point eight
足球比赛3:0读作three nil
网球比赛6:0读作six love
电话号码中0读作 zero，o

2. 纯数字的基本信息，如：

account number 账号
credit card number 信用卡号码
fax number 传真号码
telephone number 电话号码

特别是电话号码，考生还应注意以下几点：

a. 如果两/三个数字重复出现可能会在录音中听到double，triple等表达方法。如号码9737333可念作nine seven three seven triple three
b. 电话号码中的“零”可能会出现字母O或zero等表达法
c. 出现如18003456000这样的号码，录音会念成
one eight hundred three four five six thousand
d. 录音中出现的area code/country code区号/国家代码必须写上。

EXAMPLE:
Student A: What's your fax number in Vienna?
Student B: Forty three for Austria, one two o one ,three one six, eight o nine.

KEY: Fax Number: <u>43 1201316809</u> ✔
Fax Number: <u>1201316809</u> ✗

注意录音中提到43是奥地利的国家代码，国家代码、区号出现，必须填写。

e. 分机extension，录音中常用connect…with…，put …through…表示“请转……”

3. 分数、小数、百分数的表达

2/3	two thirds
1/4	a quarter/one fourth
219/763	two hundred and nineteen over seven hundred and sixty three
12.789	twelve point seven eight nine
0.67	point six seven/naught point six seven/zero point six seven
12.5%	twelve point five percent/twelve and a half percent

E. 国籍

考生必须注意的一点是在雅思听力考试中，国籍必须写成形容词形式而不可以是国家的名词形式。下面把常见英文国籍后缀给考生们总结一下，以便记忆。

-ish：British， Spanish， Polish， Swedish， Danish， Irish，Turkish
-an：American， Canadian， Australian， Russian， German
-ese：Chinese， Japanese， Vietnamese， Burmese，Portuguese
-i：Iraqi， Kuwaiti， Pakistani
-ic：Icelandic， Arabic

特殊：New Zealander，French， Swiss， Greek， Dutch， Thai

EXAMPLE:
Student: I was born in London.

KEY: Nationality: British/English ✔
Nationality: Britain/England ✗

Student: I am from Japan.

KEY: Nationality: Japanese ✔
Nationality: Japan ✗

注意：听见London，国籍要填写British或English；听见Japan，国籍要填写Japanese。

F. 常用单位

1. 长度单位
   kilometre/km公里；metre/m米；centimetre/cm厘米；mile/ml(Br)，mi(Am)英里，feet(pl)，foot(s)/ft英尺；inch/in英寸
2. 重量单位
   kilogram/kg千克，gram/g克，pound/lb磅，tonne/ ton公吨/英吨
3. 面积单位
   square metre/sq m平方米；hectare/ha公顷；acre英亩
4. 液量单位
   litre/l升
5. 温度单位
   Fahrenheit/°F华氏度
   Celsius, Centigrade/ °C 摄氏度
6. 货币单位
   1 dollar ($)=100 cents(¢) 1元=100分
   1 pound(£)=100 pence(p) 1镑=100便士
   €/Euro欧元
   ¥/Japanese yen日元

➪ 解题示范

TASK 10

*Complete the form and write **ONE WORD OR A NUMBER** for each answer.* （*SECTION 1*）

PAN ASIAN AIRWAYS
LOST PROPERTY REPORT FORM

Name	Kirsty **1** ....
Address	**2** .... Windham Road, Richmond
Postcode	**3** ....
Home tel.	020 8927 7651
Mobile tel.	**4** ....
Flight Number	**5** ....
Seat Number	**6** ....
From	New York
To	London Heathrow

➪ 审题分析：

1. 这部分听力的背景是个失物招领表，这一场景在雅思听力考试中是个高频场景，经过分析可知所填答案全部是基本功信息，找出答案应该不难，但须准确把握，特别注意答案道出过程中的重读、重复等提示。根据卷面分析，很有可能是丢失行李的乘客和机场工作人员的对话，因此考生应注意一问一答的逻辑关系，往往关键词信息在工作人员的询问中出现，答案在丢包者回答过程中出现。
2. 通过分析预测可以得出：

   第一题：填写姓氏，有可能拼写出来，有可能是常见姓氏，要求掌握拼写，考生反应要快，注意首字母大写；

   第二题：填写门牌号；

   第三题：填写邮编，英国邮编是数字字母混合信息，注意数字字母混合，字母大写；

   第四题：填写手机号码，纯数字信息；

   第五题：填写航班号，是字母和数字混合信息，注意数字字母混合，字母大写；

   第六题：填写飞机座位号，是字母和数字混合信息，注意数字字母混合，字母大写。

➪ 听题分析：

1. 当听到男士问女士姓名时，提示出现，考生应做好准备，女士回答“Kirsty Allen. That’s K-I-R-S-T-Y A-L-L-E-N，进行了全名拼写，考生选择所需要的部分填写在卷面上，答案为**Allen**。
2. 接着男士问女士“What’s the address? ”考生应准备作答，第二题的答案即将道出，女士回答“48 Windham Road”，考生此时应注意48和40A门牌号的辨音区别，答案确定为**48**。
3. 当听到关键词postcode，紧接着听到录音中女士回答说TW9 4TH，反应要迅速，数字字母混合信息，字母要大写，答案为**TW9 4TH**。
4. 接下来女士介绍完她的电话号码后，紧接着就提到手机号码，my mobile is 07754 897 432，由于是九位以上的数字信息，录音中又重复了一遍0 double7 54 897 432，确定答案**07754 897 432**。
5. 当听到男士询问航班号时，考生应意识到第5题的答案即将道出，女士回答说PA356，但注意这是干扰项，后面女士进行了更正PA365，数字字母混合信息，字母要大写，考生可以锁定正确答案**PA365**。
6. 说完航班号，男士接着询问了座位号，女士回答E6，数字字母混合信息，字母要大写，正确答案**E6**。

2.1.2 分类比较表

Table Completion

分类比较表是雅思考试中出现频率最高的题型之一，体现在试卷上往往是以横向纵向的网状表格出现。这种题型的解题思路分两步走，即先分类比较，读题预测，再有针对性地去捕捉答案信息。

➪ 解题思路技巧

对于这一题型的处理，考生应首先读题预测，分析要填充的各个空的性质。如何分析呢？分类比较。拿到题以后先看这种题型的题号整体走向是怎样的，题号若是横向的，考生则应纵向进行分析，读题预测；题号若是纵向的，考生则应横向进行分析，划出关键定位词。读题分析划出关键定位词的方向和题号方向相反，但听题填写答案时，则依旧按题号方向去听题。此外，对上下左右格中已出现信息的分析，从很大程度上能帮助考生在聆听录音前就很好地推测出所要填写答案的性质了。

⇨ 解题示范

TASK 11

Complete the table and write NO MORE THAN TWO WORDS OR A NUMBER for each answer. （SECTION 4）

Region	North	East	West
Land	hilly with thin soil	flat with 3	rich soil
Climate	1 .... and	mixed	5 .... and ....
Farm type	small, family-run	commercial	average size 6 .... hectares
Produce	2 .... and	cereals and 4	milk, cheese and meat

⇨ 审题分析：

1. 分类比较，题号是纵向的，于是审题时应横向划出关键词，分析预测。
2. 通过分析可以得出：

   第三题：左边格中的信息为hilly with thin soil，右边格中的信息为rich soil，所以此处填写的信息很有可能为soil；

   第一、五题：听写的信息应为有关气候的形容词，如：humid潮湿的，tropical热带的，chilly寒冷的，arid干燥的等；

   第六题：所填写答案信息后面有hectares公顷这一面积单位定位，可以分析出此处填写的必为数字；

   第二、四题：通过分析可以确定所填写的信息一定为名词，如果考生认识produce这一单词当名词时的意思的话，对于预测第二题、第四题的答案就更加准确。produce [prə'djuːs] *v.* 生产；['prɔdjuːs] *n.*农产品，所以分析此处填写的应为有关农产品的名词，如：wheat小麦，vegetable蔬菜等。
3. 分析完毕后准备听题，考生一定注意在听题时必须按题号顺序去听，因为TASK 11是雅思听力考试第四部分的题目节选，为讲座题材，所以可以分析出此部分的背景很可能是教授或老师在做讲座介绍一个地方，介绍这个地方north北部的土地、气候、耕地类型、农产品，east东部的土地、气候、耕地类型、农产品，west西部的土地、气候、耕地类型、农产品。因此注意聆听这些关键词在录音中的出现并定位答案。

➪ **听题分析：**

1. 当录音中讲座者提到north北部时，考生就应准备捕捉第一题和第二题的答案了，两者均为北部的情况，注意答案密集出现，考生填写信息时要把握迅速，不能犹豫。当考生听到讲座者接着介绍The land…hilly，… the soils thin，应意识这是纵列第一格的信息，第一题答案即将道出，接着听到第一题的定位信息The climate …，答案信息紧随其后出现…cool and wet…，于是定位答案**cool (and) wet**，只写出其中一部分，不能得分。
2. 在第一题的答案后，录音中传出… farm … small，family-run…这一短暂的过渡信息，也预示着第二题答案的即将出现，接着讲座者介绍说…producing mainly wool and timber for the market…，于是锁定答案为**wool (and) timber**，只写出其中一部分，不能得分。wool [wul] *n.* 羊毛，timber['timbə] *n.* 木料。
3. 当在录音中听到the Eastern region时，预示着第三题和第四题答案的出现，同样，两者均为东部的情况，注意答案密集出现，考生填写信息时不能过多思考，要果断把握。接着讲座者介绍the east is flatter，flatter 是flat的比较级，这正是第三题。所需填写内容前的卷面已给部分，于是紧随其后答案出现… with fertile soils…，定位答案为**fertile soil (s)** 沃土。fertile['fəːtail] *adj.* 富饶的，soil[sɔil] *n.* 土壤。
4. 当考生听到As for crops…，crop农作物，对应卷面关键定位词produce，预示着第四题答案的即将出现，接着听到… cereal-producing region…，通过cereal谷物定位，答案更加临近，接着讲座者介绍说…are now also given over to high quality vegetables for supply…，通过类别定位，此处需要填写的是农作物，于是最终定位答案**(high quality) vegetables**，此处蔬菜必须为复数形式，加-s。
5. 当考生听到讲座者介绍…west…时，预示着第五题和第六题答案的出现，同样，两者均为西部的情况，答案会密集出现，考生在聆听答案内容时，要同时带着两道题目的关键定位信息去捕捉答案内容。接着考生会听到录音中传出The climate is warmer than in the north and much wetter than in the east…，东部的土地状况还没有介绍，就直接提到气候，但此处不用管这一细节，定位气候这一答案内容即可。在这儿必须注意的一点是，此处答案不能写比较级warmer，wetter，因为讲座者说的是warmer than in the north … wetter than in the east，如果答案写比较级，就说不清楚比哪儿温暖，比哪儿湿润了，因此答案必须写原型**warm (and) wet**。

Tip:
分类比较表题型，录音中有可能同类的纵列或横列信息同时罗列，不考虑表格的上下顺序、左右顺序，考生应谨防答案前置状况发生，带着两组甚至三组关键词去定位答案。

6. 第五题后，考生会紧接着听到本段录音中唯一的一个数字的出现… farms…around 800 hectares…，锁定答案**800**。

2.1.3 笔记填空

Notes Completion

笔记填空在雅思听力考试的四部分均会出现。这一题型如果出现在第一、三部分，考生需注意问者和答者说话间的逻辑关系，把握题目走向，试卷上已出现的信息往往是其中一人的问话内容，考生需要填写的答案往往是另一说话者的回答内容；如果出现在第二、四部分，考生听取录音信息则应通过表示顺序的连接信号词定位。第四部分出现的讲座题材的笔记填空题往往是考生比较头疼的，下面以出现在第四部分的一个笔记填空题为例，进行具体讲解。

⇨ 解题思路技巧

1. 首先考生一定要仔细听正式题目开始前录音中的背景介绍，是关于什么话题的讲座，这样对于预测答案性质非常有帮助。
2. 考生在读题划出关键定位信息时，首先应寻找的是卷面上的醒目之处，注意试题的排版格式，如：标题、副标题、黑体字、斜体字、下划线、并列信息等，以便把握所听内容的层次结构。考生还可以把这些信息当作路标信号词，万一考生因漏听，不知录音已到了哪里，这些词汇可帮忙指明方向。
3. 确定了所填笔记的一个大致的结构后，考生再去定位所需填写内容的前后信息，划出关键定位词。
4. 注意笔记填空题出现在一、三对话部分和二、四独白部分的区别。如果是对话场景，试卷上的黑体字、斜体字等特殊排版符号信息往往是录音中其中一个speaker的发问，而考生需要注意问者和答者说话间的逻辑关系，注意听回答部分的信息；而如果这一题型出现在独白场景，考生应特别注意表示顺序、总结、强调性的连接词。如：

   表示顺序的连接词

   firstly, initially, to start with, then, next, after that, later on, thirdly等

   表示强调、总结性的连接词

   I mean …, in other words..., that’s to say..., come up with a single answer..., actually…, in short..., in brief..., in sum..., in a word...等
5. 此题型如果在录音中出现数字，往往是说话者列举的数据，很可能是答案信息，需清醒把握。
6. 这类题型在处理答案时，书写要快，尽量写缩略词，如果不够果断，答案极容易漏掉。

➪ 解题示范

TASK 12

Complete the summary and write ***NO MORE THAN THREE WORDS*** *for each answer. (SECTION 4)*

Coastal Zone Inquiry

Example *Answer*
Speaker: **Kevin Ackroyd**

BACKGROUND:

Problem: pressure on **1** ....

This pressure caused by **2** ....

Contributing factors:

- economic development
- **3** ....
- industrial expansion
- **4** ....

Two factors that are particularly important:

- **5** .... likely to continue
- industry, especially tourism which competes with **6** .... farming industries

CONCLUSIONS:

Need to
- raise profile of coastal zone
- exercise greater vision
- **7** ....

RECOMMENDATIONS:

Need for
- long-term view
- broad view
- modern **8** ....
- consultation with **9** ....

⇨ 审题分析：

1. 首先读题，注意题中的黑体字、大小标题、特殊排版符号。讲座题目：Coastal Zone Inquiry（海岸区域调查），讲座内容分别为BACKGROUND（背景），CONCLUSIONS（结论），RECOMMENDATIONS（建议）。
2. 接着定位所需填写的内容，通过分析可以得出：

第一题：需要填写的内容前有pressure on，因此定位答案一定为名词；

第二题：需要填写的内容是pressure（压力）的原因，考生应该注意的是，雅思听力考试出现因果关系连词往往会有替换。通过对第一题和第二题的分析可以得出：是由“第二题”产生的压力施加在“第一题”上，第一、二题是因果关系，第二题是因，第一题是果，有可能答案同时道出，密集出现，考生反应要迅速；

> Tip:
> 前因后果的因果关系连词，如：
> lead to
> result in
> contribute to
> attribute to
> 前果后因的因果关系连词，如：
> owing to
> due to
> be caused by
> result from

第三、四题：要填写的内容和已出现的economic development（经济发展）及industrial expansion（工业扩张）是并列关系，是四个Contributing factors（起作用的因素）；

第五题：所要填写的内容和下面的industry（工业）前均有排版符号，可见两者是并列关系，分析得出第五题填写的内容应为一名词性结构；

第六题：前面的关键词定位信息为competes with（与……抗争），介词后填写的应为名词性结构，所以第六题和其后面的farming industries共同构成一个名词性的结构，第六题填写的内容修饰farming industries；

第七题：根据空前的need to可预测需填写的内容为一个动词性的结构，其和前面的raise profile of coastal zone（提升对海岸区域概况的了解）和exercise greater vision（拥有更远的前瞻性）三者为并列关系，是需要做的三件事情；

第八题：根据modern（现代的）定位，答案填写的内容应为名词信息；

第九题：根据空前的consultation with定位，所填写的内容为名词，如果考生认识consultation这一单词的话，即可准确分析出此处填写的内容应为人或者是组织机构，consultation[ˌkɔnsəlˈteiʃən] *n.* 磋商，咨询。

⇨ 听题分析：

1. 考生在听题前，往往只注意迅速读题，而忽略了听录音提示介绍，这样做是不妥的，因为提示会对即将听到的录音有重要的背景介绍，考生根据此背景介绍，对于讲座的主线就会有所了解。在这部分题里，录音在开始的介绍部分就提到了这个讲座是关于coastal environmental problem（海岸环境问题）的，而讲座background（背景）部分的第一点就介绍的是problem（问题），因此，这一信息对于考生把握讲座主线，甚至是第一题，都有重要作用。在讲座一开始，讲座者在对讲座的结构做了一个简要介绍后步入正题，当听到…first the background…时，应意识到第一题的答案马上就要道出了，接着考生会听到录音中讲座者说…population shift… putting extreme pressure on our coastal environment…，如果只是通过第一题的关键定位词把握答案，很容易能把握住pressure on后面的coastal environment（海岸环境）这一答案信息，如果对整句话能很好地理解的话——居民们意识到population shift（人口转移）给coastal environment（海岸环境）带来了压力——就能导出压力是population shift（人口转移）带来的，这也正是第二题所需要填写的信息，第一题的答案**coastal environment**，**coastal**这个单词的拼写可从卷面上找到。

2. 接下来录音中提到了...population growth...， ...shift...等信息，以及第一题前面出现的population shift均是第二题的答案内容，因此此题答案三个均可，即**population shift/ population growth /shift**。

3. 接下来讲座者介绍说…there is a range of factors which probably contribute…，考生应意识到第三题的答案即将出现，即使第一、二题没有把握好，这时也应果断放弃，往下捕捉信息。economic development（经济发展）、第三题的答案内容、industrial expansion（工业扩张）及第四题的答案内容是并列关系，是四个Contributing factors（起作用的因素）。在听到economic development（经济发展）后，…an ageing population...这一信息紧接着罗列出现，这也正是第三题的答案**ageing population**人口老龄化，注意ageing/aging前者是英式拼写，后者是美式拼写。

4. 第三个因素…growth in industry…后，讲座者紧接着介绍说… particularly tourism and its associated industries…，这些信息在录音中进行了重读强调，一些考生会误认为tourism和associated industries是第四题的答案。但在读题分析阶段，考生已经知道空4所要填的信息和上面的industry是并列关系，而刚才原文虽然重读了，有可能是答案，但在tourism前有particularly，一旦出现了像particularly、especially等类型的词汇，往往表示后者和前者是包含递进关系，而此处要填的是一个并列关系的信息，所以tourism 不是答案。如果不被这个信息干扰，紧接着录音中讲座者介绍说…government policies have also contributed to this trend...，第四题的答案**government policies** 政府的政策，policy['pɔləsi] *n.* 政策，其复数形式policies。

5. 考生紧接着在录音中会听到一系列的路标定位信号词…two factors …, … firstly…, …in other words，一步一步接近答案，特别是in other words这一表示总结强调的标志性信号词的出现，更预示着答案的出现，考生应意识到答案马上道出。... urban sprawl or expansion…，第五题的答案**urban sprawl/urban expansion**, urban sprawl城市蔓延urban expansion城市扩张，expansion这个单词的拼写可从卷面上找到。urban['əːbən] *adj.* 城市的，sprawl[sprɔːl] *n.*（城市）蔓延，expansion[iks'pænʃən] *n.* 扩张。

6. 在依次听到The second factor... industry…particularly… tourism.... compete...with...等卷面上出现的关键定位词后，第六题的答案信息很容易地被捕捉到…the intensive fish and shellfish farming industry…，答案为**(intensive) fish /(intensive) shellfish /(intensive) fish &shellfish**均可。
7. 当考生依次听到关键定位词… the conclusions …, …first…, …second…后，终于盼到了…thirdly we must adopt a national approach，确定第七题的答案为**adopt national approach**。注意此处如果答案内容只写national approach是不正确的，必须要有动词adopt，采取全国总动员的方式。
8. 最后讲座者因时间缘故对recommendation（建议）只进行了小结，在第三点他提到…the techniques of modern management…，于是确定第八题的答案为**management**。
9. 在第八题后，第九题的答案紧接着随后道出…people being affected …are adequately consulted…，但第九题难度较大，出现了听力中较难的答案前置状况。第九题试卷上的关键定位信息consultation对应着录音中的 consult， 但此题答案在consult之前就出现了，如果不能对整句的意思把握，答案也轻易丢掉了。但在前面的审题分析阶段，如果考生能分析出此处填写的内容应为人或者是个组织机构的话，也就能避开了这个答案前置陷阱，所以答案应为**people affected**受到影响的人。

2.1.4 单句填空

Sentence Completion

单句填空题是听力考试中比较典型的题型，出题比重较大，难度跨度也很大，考生不仅要听到信息点还要做快速记录，是考试的重点难点之一，考生平常应进行重点训练，熟悉做题技巧。

⇨ 解题思路技巧

1. 单句填空题是所有题型中最需要花时间读题预测的题型了，所以读题是关键，考生应尽可能给填空题以时间保证读题。
2. 在做填空题时一定要仔细倾听录音中的instruction，这样对所听内容的背景至少有所了解，有利于预测答案信息。
3. 在做填空题时一定要划出关键词。关键词即空前后的词，是为了预测定位答案的性质，缩小范围。填空题答案的预测至少到词性。
4. 填空题有时会同时道出多个关键信息或答案且不按顺序，特别是紧挨着的两个信息，它们的关系非常紧密时往往会出现乱序或答案前置状况，考生务必要小心避开此陷阱。如：
   a. 紧挨着的两个空都填数字的话，speaker在说出答案时前后空往往打乱顺序；
   b. 紧挨着的两个空需要填写的是一个事件的时间和地点，speaker在说出答案时前后空往往打乱顺序；

c. 紧挨着的两个空需要填写的是主被动关系，往往打乱顺序；

d. 紧挨着的两个空需要填写的是因果关系，因果连词替换往往出现乱序；

e. 主从句易出现乱序；

f. A、B两句是并列结构，易出现乱序。

5. 填空题最重要的一点是做题要有节奏，要舍得放弃，不要优柔寡断。对待时间、人名、数字、专有名词等信息应尽量谨慎，不要丢分。
6. 注意句首字母必须大写。

⇨ 解题示范

TASK 13

*Complete the sentence and write **NO MORE THAN THREE WORDS** for each answer.（SECTION 4）*

1 Many children are told to .... if they can't sleep.

2 .... are the most likely to suffer from sleeping disorders.

3 .... work and jet lag cause insomnia by disrupting the body's rhythm.

4 An insomniac should never .... immediately before going to bed.

5 Sleeplessness can sometimes be dangerous if it causes drowsiness during the day, especially if a person works with ....

6 Sleeping pills are .... so they should only be used for short periods.

7 Before going to bed an insomniac should .... to raise their body temperature.

8 If you can't sleep you should ....

⇨ 审题分析

1. 首先读题，可以知道这部分是关于 insomnia失眠话题的讲座。
2. 通过阅读空前后的信息可知第1空填的是动词原形，再进一步分析，通过常识预测此空也许会填写如数数，数羊等信息。
3. 空2填的是主语——人，通过分析预测答案有可能是老人、妇女等类似信息。
4. 空3填写的信息修饰work，并且“............work”和jet lag 是并列关系。
5. 空4通过分析可知填写的为动词原形，失眠的人晚上不应做些什么，进一步预测有可能填写如喝咖啡、喝茶等类似信息。

6. 空5填写的信息是名词，从事哪类工作的人，失眠会使白天的工作非常危险，通过分析预测答案有可能是司机、从事高空作业或重机械的人。
7. 空6填写的有可能是名词、形容词等，安眠药是怎么样的。
8. 空7 填写的是动词原形，失眠的人上床前应做些什么来让身体的温度涨上去，通过分析预测有可能填写喝牛奶、洗热水澡等类似信息。
9. 空8 填写的是动词原形，如果睡不着，应该做些什么。

⇨ 听题分析

1. 当从录音中听到：perhaps you remember being told by your mother to count sheep when you couldn't get to sleep as a child时，考生应意识到第一题的答案出现了，即为 count sheep，注意sheep为集合词，不能加s。
2. 当录音中出现：the research shows that the elderly and women are the most…，此题答案确定。但注意答案字数要求no more than three words，因此答案应为The elderly，Women或The elderly & women三者之一，写The elderly and women超出字数要求，不能得分，并且答案做主语，首字母必须大写。
3. 当从录音中听到 a large number of people who travel overseas frequently时，考生应意识到此信息对应卷面信息的jet lag，答案即将导出，接着听到or do a lot of shift work时，确定答案：Shift work 倒班，答案做主语，首字母大写。
4. 此题稍有难度，答案导出过程与卷面信息句式进行了转换。录音信息…it goes without saying that smoking, drinking coffee, or taking any medication that stimulates the nervous system can prevent a person from sleeping well， 因此确定答案为smoke, drink coffee 或take medication中的任何一个。
5. 当录音中传出 since sleeplessness often causes daytime fatigue时，考生应意识到此题答案出现在即，fatigue疲劳、劳累的意思，接着考生听到 a person who works with any kind of heavy machinery，通过卷面和录音中的介词with 定位，答案为heavy machinery。
6. 当录音中出现everyone knows about sleeping pills时，考生应确定此题答案即将出现，接着考生听到…doctors usually only prescribe these as a last resort时确定答案： a last resort最后一招，此题难度较大。
7. 此题考生容易掉进陷阱。录音传出before going to bed they should perform some relaxing activity, like reading or watching television， 考生容易错误定位答案read 或者watch television，但是此题卷面需要填写的信息定位是raise the body temperature，因此考生不应急于定位答案，接着考生会清楚地听到taking a hot bath a few hours before going to bed can also help to induce sleep by raising a person's body temperature， 于是确定答案take a hot bath，因为卷面字数要求no more than three words，最终确定take a bath为答案。
8. 当录音中传出after doing all these things, a person still can't sleep, they should get up again rather than…确定此题答案为get up。

2.1.5 小结填空

Summary Completion

小结填空题和单句填空题在听力考试中是没有什么太大的区别的，各个单句组合在一起就构成了小结，但小结填空题难度稍微大一些，因为整个是一个段落，逻辑关系不像单句填空题那么明显，难度跨度也很大，同样，考生不仅要听到信息点还要做快速记录，是考试的难点题型之一。

⇨ 解题思路技巧

1. 同单句填空题一样，小结填空题读题预测也是关键，考生应尽可能给填空题以时间保证读题。
2. 在做填空题时一定要仔细倾听录音中的instruction，这样对所听内容的背景至少有所了解，有利于预测答案信息。
3. 在做填空题时一定要划出关键词。关键词即空前后的词，是为了预测定位答案的性质，缩小范围，填空题答案的预测至少到词性。
4. 填空题有时会多个关键信息或答案同时道出且不按顺序，特别是紧挨着的两个信息，它们的关系非常紧密时往往会出现乱序或答案前置状况，考生务必要小心避开此陷阱。
5. 填空题最重要的一点即做题要有节奏，要舍得放弃，不要优柔寡断。对待时间、人名、数字、专有名词等信息应尽量谨慎，不要丢分。
6. 注意句首字母必须大写。

⇨ 解题示范

TASK 14

*Complete the summary and write **NO MORE THAN THREE WORDS** for each answer.*

The traffic accident in *(Example)* ***Lidham*** has caused the death of **1**......... persons, and a further **2**......... people have been taken to St. John's **3**......... for treatment. The northbound and southbound lanes of Avalon Road are still closed, and drivers are advised to avoid the area.

Police believe the driver of a **4**......... lost control of the vehicle before reaching the traffic **5**......... at the corner of Avalon Road and Batty Avenue. Witnesses told reporters that they heard the lorry sound the **6**......... moments before it collided with traffic turning into the **7**.........

Anyone requiring further information should telephone the police hotline on **8**.........

⇨ 审题分析：

1. 首先读题，通过题目要求及首句，可以知道这道题是关于traffic accident交通事故的。雅思听力考试很少考到新闻题，如果考到新闻往往考到的是所谓天灾人祸方面的新闻，如traffic accident交通事故、air crash空难、volcano火山、earthquake地震、tidal wave海啸、tornado/twister龙卷风、hurricane飓风、typhoon台风等。因为这样的新闻可以考到如事件发生的时间、地点、死伤数(casualty)、政府给多少钱、热线电话等基本信息。而如果考政治经济新闻没有一定的背景，很难写出答案。
2. 通过阅读空前后的信息可知第1、2空填的都是数字，有可能speaker打乱前后顺序。但通过预测得出空1填的是死亡数，空2填的是受伤人数，所以通过常识判断，一般交通事故死亡数少，受伤者多，所以如果听到两个数，空1填的是较小的数，空2填的是较大的数。
3. 空3填的是受伤者被送到哪里进行治疗，通过分析可知答案有可能是医院、first aid post急救站等类的信息。特别注意空前有St.Jone’s 圣约翰，所以空3填的答案是专有名词的一部分，必须大写。
4. 通过空4前的信息the driver of a 可以预测出此处需要填写的是个名词，再具体点很有可能填的是一种交通工具。Cab/taxi出租车、shuttle bus班车、tram有轨电车、lorry/truck卡车、four-wheel drive四驱越野车、caravan房车等，具体答案要凭考生的本事了。在空前出现了police believe，考生应注意：在填空题里如果出现了像somebody believe...，somebody think...，somebody suggest..., somebody reckon...这种间接引语结构，答案有可能在录音原文里此人的直接引语部分中出现。
5. 通过前后分析，空5答案是traffic后的一个名词。通过结合空后信息，可分析出这个要填写的traffic...位于两条街的拐角处。两条街的拐角处在录音原文中speaker也许用intersection/crossroads十字路口、T-junction/ T-road丁字路口等表达，小心有无同意的替换。在拐角处会有traffic什么呢？有可能是traffic lights 交通灯，也有可能是traffic jam交通阻塞，通过预测缩小了范围。
6. 空前的sound是动词，“发出声响”的意思，空后的collide是动词，“碰撞”的意思，lorry卡车在要和其他的交通工具碰上前，会发出什么声响呢？一定会鸣笛喇叭sound the horn，所以空6的答案有可能是horn。
7. 第7空需要填写的答案是turning into the后的一个名词。
8. 空8需要填写的是热线电话号码，基本功信息，做题时小心，应不会出错。

⇨ 听题分析：

1. 一上来前三个空的答案就一起道出了。原文The death toll ...three known for fatalities and ... fourteen people... treatment ... St. Jone’s Hospital. 数字3和14紧挨着说出来，考生反应一定要迅速。death toll，fatality 都是灾难等造成的死亡人数的意思，Hospital首字母

一定要大写。

2. 接着录音原文里会听到inspector即英国警察的巡官，由他来介绍事故过程。这里inspector就是题目里空4前的police，要警觉答案马上就到。警察介绍说...the driver of a large articulated lorry...听到了核心词the driver of 的答案即它后面的lorry。lorry在空6前的原文中出现了，所以如果此处没有抓住答案，最后检查时看有无可能通过检查抓住这个答案。
3. 在说完前四个空后，第5空答案并没有如期而至。
4. 接着听到local shop keeper小店店主向记者介绍事故过程。注意这里shop keeper其实就指的是题目6前的witness目击证人，听完第4空，考生正盼望空5答案的出现，这时听到shop keeper出现，要当机立断，放弃空5，准备空6的答案。目击证人描述事故过程说他听到the lorry sounding its horn，根据空6的核心词sound the得出答案horn，接着目击证人又介绍说...I heard this horn...an ordinary car horn...horn going...雅思听力考试重复的往往是答案，此处horn重复了四遍，答案就是它了。
5. 在第6空后，第5空的答案才姗姗来迟。lorry...came straight down through the lights...此处的straight down就相当于空5前的reaching，所以答案为lights，traffic lights注意必须用复数形式。此空的难度较高，speaker没有按正常的顺序，考生不小心就有可能抓不到答案，但最后检查时，此空的答案也还是有可能通过常识分析出来的。
6. 目击证人接着描述...the traffic...turning into the main road...空7的核心词traffic turning into the所以答案非常清楚，main road就是了。
7. 不要掉以轻心，坚持仔细听，电话号码终于出现，且重复两遍01713891778。

2.1.6 简答题

Short-answer Questions

在近两年的考试里，简答题在听力考试中所占的比例不是很大，往往是以辅助题型的形式出现。因为这种题型考生很容易从题干里寻找线索，以便听题时做好定位。简答题过去对答案字数的要求往往是用a word or a short phrase来作答，现在的一个趋势是用no more than three /four words来回答，考生做题时，请看清题目字数要求。

⇨ 解题思路技巧

1. 纵向扫描，划出问句中的疑问代词、疑问副词，确定问的是什么。如who，when，where，why，how，what等。
2. 横向扫描，划出问句中的核心词。
3. 注意简答题出现在1、3部分和2、4部分的区别。在前面介绍过，雅思听力考试1、3部分往往是对话，2、4部分往往是独白。简答题如果出现在1、3部分，考生应注意试卷上的问题与录音中其中一个speaker的发问是否一致， 接着注意问者和答者说话间的逻辑关系，聆听捕捉答案；如果简答题出现在2、4部分，考生应注意试卷上的问题与录音中speaker讲座过程中的反问和设问是否一致，如一致的话接下来speaker会自问自答，道出答案。

4. 简答题这一题型从某种程度上讲是最不要求语法的题型了，无需首字母大写，最后不用加句号，但是如果问题问的是主语、专有名词以及例子，答案则必须大写。
5. 还原间接引语为直接引语。
6. 如果是列举回答式的简答题， 考生还应注意表示附加条件的信号连接词。录音中speaker说完第一点罗列信息后会用上如：and，also，besides，in addition，as well，one…the other…, either …or…, neither…nor…, not only…but also…等罗列出第二点甚至第三点信息，考生应对这一类信号词有很好的把握。

⇨ 解题示范

TASK 15

Answer the following questions and write ***NO MORE THAN TWO WORDS OR A NUMBER*** *for each answer.(SECTION 4)*

1 When did the fish stock there begin to decline? ....

2 What did scientists inject into the land? ....

3 Has the situation improved? ....

4 How effective is the use of limestone slurry? ....

5 What is one of the major disadvantages of using limestone slurry? ....

⇨ 审题分析：

1. 第一题问的是时间，核心词...fish stock...decline...。注意答案要求no more than three words。
2. 第二题变成陈述句就是Scientists injected something（what） into the land，所以inject 后的信息应是答案。

3. 第三题是个yes/no question，所以答案只有两种可能：Yes或者No。
4. 第四题的核心词是effective，并出现了一个较为生僻的词limestone slurry，听力考试如果出现了较为生僻的词，我们一般先根据读音规则猜测此词的读音，然后把它当信号词来处理，听到这个词后再接着去听答案。
5. 第五题limestone slurry再次出现，看来这是此段材料里较为关键的词语，disadvantages也是这题的核心词。

⇨ 听题分析：

1. 当听到第一题的核心词...fish stock...decline...，考生应警觉第一题的时间答案即将要登场了。答案为1950s。有的考生说1950s二十世纪五十年代和1950年听音很难区分后面有无s音，这如何处理呢？其实做题时考生可通过数字前的定冠词来区分。二十世纪五十年代应表达为 in the 1950s，念做 in the nineteen fifties；1950年应表达为in 1950，念做in nineteen fifty；前者数字前有定冠词the，而后者没有。
2. 接下来听到by injecting lime...预测时知道inject后的信息是答案，所以答案应为lime。对大部分考生来讲，此词并不是一个常见词，但通过第四、五题的limestone考生还是可以填出lime石灰这个词的。
3. 第三题的答案也许还没听到，但突然听到limestone slurry，这是第四、五题的核心词，所以考生应立刻放弃第三题，目标转向第四、五题。紧接着听到very effective，90%，答案出来了。注意：雅思听力考试简答题如果出现how+*adj./adv.*的问题，答案一般会有两种可能性：一是具体的数据，如90%；还有一种可能是答案用very+*adj./adv.*的形式表达，如very effective，也可满足给分要求。
4. 第五题的核心词disadvantage在第四题后立刻出来了，第五题的答案expensive也就相应出来了。
5. 第三题的答案没有听到，但通过分析第四题的答案very effective，90%，可知情况肯定是改善了。因此第三题答案为yes。下次在考试中如果出现这种yes/no question，考生应先凭实力去听，如果实在没有听到相应信息，一般可考虑选yes，因为yes比no作为答案在简答题里出现的比率更高一些。

2.2 客观题

2.2.1 选择题

Multiple Choice

雅思听力考试选择题有单选题和多选题两类。单选题一般在考试中是给出三个备选项挑选一个正确答案，而多选题是从五个或六个备选项中挑选两个正确答案，从七个或八个备选项中挑选三个正确答案。下面分别对单选题和多选题做具体介绍。

单　选　题

⇨ 解题思路技巧

1. 第一遍读题划核心词时，考生可以只看题干，不要看选项，划出题干的核心词，如果考生既读题干，又读选项，如果阅读速度慢，有可能读不完题，如果连题干都没读完，就无法有针对性地去聆听信息了。
2. 划完题干核心词后再去看选项：
   A. 问答式的单选题（即：题干后是问号），考生即使没有时间看选项，问题也不是很大，因为在做题时至少还可以当做简答题来回答问题，利用最后十分钟的检查时间再进行选择。
   B. 补全式的单选题（即：题干后没有标点符号或者是个冒号），考生则必须挤出时间阅读选项，划出核心词。
   ① 如果选项长度较短，考生只需比较选项间的相同与不同之处，做纵向扫描；
   ② 如果选项比较长，对于阅读速度较慢、不能把所有选项依次定位的考生，应该至少把最长的选项划出核心词（这样做原因有二。其一：最长的选项是涵盖信息最多的选项；其二：如果是短选项，边听边看，还可以了解定位，而如果是长选项，边听边看，也不可能理解定位清楚，因此在真正听录音前至少把长选项划出核心词定位，在边听边看选项时，就可以给短选项留出时间定位了）。
3. 做选择题有如下几个原则可供参考：
   A. 顺序原则
   录音中依次出现几个和选项相关的信息，最后一个提到的往往是正确答案。
   B. 同性相斥原则
   如果备选项中的其中两个选项表达的是同一概念，或者在录音中那两个选项是同时导出来的，那这两个选项均不是答案。
   C. 陌生词原则
   听力考试选择题的答案，常常是那些较为容易的词，出现了较为生僻的词，往往不是答案。

D. 绝对性判断

选项里如果出现了较为绝对性的判断如only, must, all等，考生应注意绝对性判断必是考点，雅思听力不考逻辑，因此考生只需注意这些词在录音中有无出现即可。

E. 最近答案原则

考生注意不要看到选项中的文字和听到的信息一致就忙于选择，听力考试选择题的答案往往是那些听起来与选项很相近的信息，如果听到一致的就急忙下笔，很有可能是干扰项，选择题的答案往往是那些同义的表达，如果听到和选项似乎一致的原文原词，有可能只是部分重合，是陷阱，考生须仔细分辨。

4. 做选择题时应注意如下替换，这也是雅思听力考试常见的替换：

A. 词性的替换，如：

名词和动词的替换

形容词和副词的替换

B. 数字的替换，如：

a quarter — 25% —1/4

a quarter —15 minutes

a quarter — three months

in the 1900s — in the 20th century

fortnight —14 days/two weeks

couple — 2

dozen —12

score — 20

a decade — 10 years

a century — 100 years

under a week — 5 or 6 days

C. 同义词和同义词组的替换，如：

approach — method

assistant — help

travel to — go to

A rather than B — prefer A to B

D. 句式的转换，如：

双重否定和肯定表达之间的替换

主动语态和被动语态的替换

因果关系连词之间的同义替换

Tip:
单选题有时还会出现图的选择。如果出现饼状图、柱状图的选择，考生应重点听具体的数据；如果是曲线图的选择，考生应重点听表示趋势的信息词。

Tip:
因果关系的连词有些是把原因放在前面，而有些是需要把结果放在前面，考生做题时如有替换发生，不要混淆，如：because，so，attribute to，contribute to，result in，result from，as a result，cause by，owe to等。

➪ 解题示范

TASK 16

*Choose the correct letter, **A**,**B** or **C**.*

Q1 How many major career areas does the lecturer mention?
- **A** 3
- **B** 4
- **C** 5

Q2 The reception desk in a hotel is described as:
- **A** a switchboard operating system.
- **B** the nervous centre of the hotel.
- **C** the first point of contact with a guest.

Q3 It is essential in front desk and reception work to have:
- **A** a foreign language.
- **B** switchboard operation skills.
- **C** neither of the above.

Q4 The lecturer says that a member of a drink and bar service team:
- **A** need not have a thorough knowledge of wine.
- **B** can eventually become a wine maker.
- **C** can eventually manage a cellar dealing only with wines.

Q5 The most experienced cook is a:
- **A** Grade 3 chef.
- **B** Grade 1 chef.
- **C** Grade A chef.

Q6 Students completing the Catering Core option can start working as:
- **A** a Grade 2 chef.
- **B** a Grade 1 chef.
- **C** an Assistant chef.

Q7 The seminar was given:
- **A** by the Principal of the school.
- **B** to introduce the school to potential students.
- **C** to introduce students to the course options available.

⇨ 审题分析：

1. 先划出题干的核心词。
   第1题题干核心词career area；第2、3题需要听酒店reception desk前台的相关信息；第4题是关于酒店drink and bar service team的信息；第5、6题是关于酒吧厨师的信息；最后一题的核心词the seminar。
2. 划出选项的核心词，比较选项间的关联和区别。利用排除法可分析出：
   第2题前台被描述为：A）交换台系统 B）紧张中心，如果前台被描述为神经中枢，则应该用nerve centre，神经的名词形式；C）第一个和客人打交道的地方，选项C最有可能为答案。
   第3题在酒店工作最重要的是：A）外语 B）电话交换台操作技巧，均不像是答案，因此有可能C为被考虑对象。
   第4题在酒吧工作的成员：A）不需对葡萄酒方面的知识完全了解；B）最终能成为一个葡萄酒制造商，这几个选项从逻辑上讲也都差强人意。
   第5题：最有经验的厨师，通过分析预测，答案应不可能是A）三级厨师。
   第6题：学生完成课程开始工作，通过分析预测，答案应不可能是A）二级厨师。
   以上这些阅读速度快的同学都是可读完题预测出来的，如果能读完选项再去听题，会比边听边读题的同学，更有针对性一些。
   第7题是一个主旨题，雅思听力考试主旨题的答案往往不是在speaker讲话开始处就是在结尾处出现，考生应把注意力放在这两部分。
3. 注意有无同义表达和替换出现。
4. 把各种听题原则运用到选项中。

⇨ 听题分析：

1. 一上来speaker就介绍他是学校的career advisor职业指导官，他要在这个seminar研讨课上介绍four core subject options available to 学生，考生应还记得刚才最后一题题干的核心词，问的正是这个，所以第7题的答案在开始处就出来了为C，同时第一题的答案确定为B。
2. 接着听到核心词front desk and reception work，第2、3题的答案要来临了。...nerve center of a hotel，所以第2题的B选项应不在被选之列；...the first point of physical contact with the client...此句表达就是第2题的C选项，此处client 就是题目中guest的同义词。
3. 当听到...person...best suited for front desk and reception work，第3题信息就要到了，...self-confident， caring and sensitive，intelligent...work calmly...没有一个是选项中出现的，接着确实听到...speak more than one language..., ...clear diction，switchboard operating system...，但这些都是great asset非常有价值的，非常宝贵的，但绝不是essential必须的，所以第3题答案为C。
4. drink and bar service是第4题的核心词，酒吧的一员，an intimate knowledge of most...，所以选项A不正确，...cellar management：dealing exclusively with wine...，此处

management名词和原文题目中的managed动词进行了替换，exclusively和原文题目中的only进行了替换，所以答案为C。

5. 先听到了restaurant，意识到第5、6题的信息到了。接着听到...completing...Catering Core option...，考生应意识到这是第6题的题干，看来此处第6题先于第5题出现了。Speaker说学生可以做Assistant or Grade 3 chef，第六题的答案为C。
6. 接下来从Grade 3 chef...to Grade 2 chef...最后Grade 1 or Chief chef，最终第五题的答案揭晓B。

多 选 题

⇨ 解题思路技巧

1. 认真审题，确定所要选的数目，多选题一般是给出5/6个备选项，选出两个正确答案；或给出7/8个备选项，选出三个正确答案。
2. 多选题的主要解题思路同单选题：首先定位题干的关键词，然后再定位选项。定位选项关键词时，考生可以先给选项归类，看主要涉及了哪几类的内容。
3. 多选题做题时因干扰项增多，所以难度增加，需要考生更加注意细节表达，注意选项信息之间的过渡及连接。
4. 如果是听力基础较好的考生，在做多选题时还可采取在听录音时不去看选项而是根据题干要求专心做笔记（note-taking）的工作，在最后十分钟检查誊写答案阶段，再根据笔记和选项做类比，在答题纸上写出正确选项。
5. 阅读一定要迅速。

⇨ 解题示范

TASK 17

Choose THREE letters A-H.(SECTION 2)

Which are mentioned in the news headlines?

A River flood in the south.
B Nurses on strike in Melbourne.
C Passengers rescued from ship.
D Passengers rescued from plane.
E Bus and train drivers national strike threat.
F Teachers demand more pay.
G New uniform for QANTAS staff.
H National airports under new management.

➪ 审题分析：

1. 审题，这道多选题需要选出三个正确答案。
2. 快速阅读，划出核心词。
3. 这是news headline新闻内容摘要，所谓新闻摘要往往会出现主语，所以可把主语当做核心词。选项C、D因为主语一致，所以可把它们不一致的内容当做核心词；C的核心词是ship；D的核心词是plane；G选项有一特殊字体——大写字QUANTAS，可把它当作核心词。
4. 读题可知，此题是听到一选项，就给一道题的分数点，所以最后不要漏选。

➪ 听题分析：

1. 新闻摘要开始听到...plane...，答案肯定有D 。
2. 接着听到...transport workers...，transport workers就是E的主语bus and train drivers，所以选E。
3. 接下来又听到...QANTAS...，最后一选项G出来了。
4. 三个答案：D、E、G，三选项无次序限制，对一个给一个的分数。

2.2.2 分类联系题

Classification

分类联系题要求考生对一些单词或陈述进行归类。类别通常用A、B、C等表示，而单词或陈述则是题目。

➪ 解题思路技巧

1. 迅速阅读题干和选项，确定可能的类别关系，划出核心词。
2. 当录音开始时，确定听力内容是以题干为顺序还是以选项为顺序展开的。如果听力内容是以题干为顺序展开的，考生应特别注意选项的信息；反之，如果是以选项为顺序展开的，考生应特别注意题干方面的信息，也就是在听题做题过程中，考生须注意后者信息会有同义替换的出现。
3. 考生在听题的过程中，没必要忙于把听到的信息用A、B、C等归类出来，可把听到的相关信息以note或缩写等形式写在卷子的空白处，最后十分钟检查时再进行归类，这样不会忙中出错，保证正确率。
4. 在出现表达某人观点的分类练习题时，不要忽略 I agree with...以及It's the same as...等表达法，这些表达法往往导出答案。

⇨ 解题示范

TASK 18

*Write the appropriate letters **A-C** against questions 1-5. (SECTION 3)*

According to the speakers, in which situation are the following media most useful?

A individual children

B five or six children

C whole class

Example	*Answer*
pictures	**A**

1 tapes

2 computers

3 videos

4 books

5 wall maps

⇨ 审题分析:

1. 浏览所有问题，看清分类联系的主题。
2. 迅速阅读题干和选项，划出核心词。
3. 配对传媒方式及其适合的学生类别。小心有无同义词转换，如whole class也可表述为everyone in class, all students 等。
4. 一定注意听speaker是以题干为顺序还是以选项为顺序展开。

⇨ 听音分析:

1. 考生在听完例子后，听到了let's take tapes...，看来speaker是以题干为顺序展开的，所以考生应特别注意选项信息。Although tapes look ideal for individual children...，当考生一听到此类转折信号词，如although, though, in spite of...等时，一定注意紧跟着它们后边的信息往往不是答案，而是需要排除的干扰信息，再后面的信息才是我们所需要的，所以不要掉进陷阱。接着speaker说他认为...are best suited to group work。第一题的配对答案揭晓B。

2. 当听到...computers are the same...应可判断出第二题也还是选B，接下来speaker又说...better with small numbers of children...hardly with a whole class，帮我们更加确定了选项，但最后别功亏一篑掉进whole class的陷阱。
3. 核心词video出现，第三题答案即将出现。however...考生还应注意：做听力题若出现转折连词，如however，but，on the other hand，while，nevertheless等，紧挨着这些词后面的信息往往是答案。所以一听到...everyone...in class，同义转换答案为C。
4. 第四题信号词book出现，...ideal for children to use by themselves。注意此处又是一个同义表达，答案为A。如果考生此处不能立刻做出判断，可把听到的信息先写在卷面上，最后检查时再归类。
5. 第五题map后，speaker又用了转折连词though，根据前面1的介绍，答案是它后面最后出现的group work，同义转换答案为B。

2.2.3　配对题

Matching

配对题的基本解题思路是要解决两组概念之间的关系。题目给出多个题干和选项，考生需要根据录音内容把选项和题干进行有机的搭配。

⇨ 解题思路技巧

1. 迅速审题，看是否可以一一配对。
2. 雅思听力考试中的配对题，往往不需要考生做过多的逻辑性分析，录音中往往是对试卷上的选项信息以同义表达的形式进行替换表达。但是如果题干、选项较短，把握核心内容较为简单，有可能录音中题干、选项交替展开，并对后者信息用同义替换表达。
3. 考生在听题的过程中，没必要把题干信息对照选项忙于配对出来，而可把听到的类别信息以笔记（note）形式写在题干的相应之处，最后十分钟检查时再进行分类联系。这样不会因考虑不周而归类出错。

⇨ 解题示范

TASK 19

*Write the correct letters **A-G** next to Questions 1-5. (SECTION 3)*

Issues

A Albatross study
B Drinks cans
C Automobiles tyres
D Dead Zone
E Fishing rights
F Plastic bags
G Rubbish bins

1 America ....
2 Western Europe ....
3 Australia ....
4 Hawaii ....
5 Gulf of Mexico ....

⇨ 审题分析：

1. 审题，选项7个，题干5个。
2. 划出题干和选项的核心词，可以分析出是一些环保问题和一些国家地区名称配对。
3. 题干核心词定位：国家地区名称；选项核心词定位：环保问题，注意录音中同义词替换，如：study和research的替换等，对于像Albatross这样较为生僻的词汇，考生可以先根据它的读音规则，猜测读音，把它当做路标定位词来处理。
4. 在答题纸上根据选项分别誊写A-G。

⇨ **听题分析：**

1. 当听到录音中被访者提到…for Americans…，考生就应提防，第一题美国的配对信息就要出现，接着听到被访者说…aluminium…，考生也许正为aluminium是什么意思而苦恼时，被访者进一步解释道… aluminium cans…，对应选项中的Drinks cans，答案为B。aluminium [ˌælju'miniəm] *n.* 铝
2. 接着考生会听到被访者又提到了另一个地区Western Europe，预示着第二题答案的出现，接着被访者介绍说…produces around 250 million car tyres a year。录音中car tyres对应选项中的定位信息Automobiles tyres，答案确定为C。
3. 接着听到被访者提到了…plastic bag…，考生应清醒地意识到这是选项F的关键词定位，被访者先不说国家了，先说环保问题，换了答案导出方向，接着从录音中听到了…here in Australia…，澳大利亚的环保问题是塑料袋问题，于是确定第三题的答案为F。
4. 接着从录音中考生会听到…research done in Hawaii…，录音中的research定位选项中的关键信息 study，接着又听到…albatross chicks…，于是可以最终放心确认此题的答案为A。albatross ['ælbətrɔs] *n.* 信天翁
5. 录音中被访者接着又介绍说…here's one last fact for you…，注意最后一点往往是重点，于是确定有重要信息出现，接着听到…Golf of Mexico…，第五题题干出现，接着被访者介绍说…no marine life exists…，exist存在，没有海洋生物存在，对应选项中的Dead Zone，确定第五题的答案为D。

2.3 图示题

2.3.1 地图标注

Labelling a Map

地图标注对一部分雅思考生来讲是听力中较难的一种题型。一些考生说我平常连中文地图的东南西北、左右都分不清，再加上英文就更糊涂了。所以考生应多熟悉一些表示方向的词汇及表达方法。

⇨ **解题思路技巧**

1. 地图题一般在考试中分为两类：问路的背景；介绍公园、商场、学校位置等的背景。在问路的背景中，指路者往往用“left左”、“right右”指明方向，考生做题时切记要以speaker前进方向为左右，而不应以看题视角为左右，要有立体感。在位置介绍背景里，speaker往往根据景点布局图来讲解，考生应注意“gate门”，“door门”，

"window窗子"，"corner角落"，"entrance入口"，"exit出口"，"north北"，"east东"，"south南"，"west西"等方位。

2. 注意图中的图例、指向标、说明文字及图中已出现的信息。若无指向标，则根据地图常识上北下南左西右东，依次在地图上标出四个方向。
3. 行进路线，一定要跟着speaker划线路图。

A. 一定要听清starting point起始点。

B. 注意听左右及东南西北，注意两类不同的地图题应分别考虑各自的信号词。

a. 问方向，考生应特别留意倾听表示左右方向的信号词，例如：

on the left/right 在左/右边

turn (to the)left/right 向左/右转

around (the corner) to the left/right 到拐角处左/右转

the first/second/third... from the left/right 左/右边的第一/二/三个……

b. 问布局，考生应特别留意倾听表示东南西北方向的信号词，例如：

north-east东北

north-west西北

south-east东南

south-west西南

southern [ˈsʌðən]（注意读音）南边的

c. 注意聆听方位介词，例如：

be in front of 在……前面

be behind 在……后面

be beside 在……边上

be next to 紧挨着……

be opposite to 在……对面

be across from 在……对面

be far from 离……很远

be nearby 在……附近

be on the corner of ...street and ...street 在……街和……街的拐角处

be in the corner of 在……的拐弯处

be parallel to 和……平行

be cross 和……交错

解题示范

TASK 20

*Label the areas of the map to show the activities the group will do in each. Copy the letter for the area of the map **A-F** and the activity against 1-4 in any order. (SECTION 1)*

Questions 1-4

1 ....

2 ....

3 ....

4 ....

List of activities

rock climbing
swimming
cycling
cliff walks
boating
hunting
horse riding
scuba diving
bird-watching

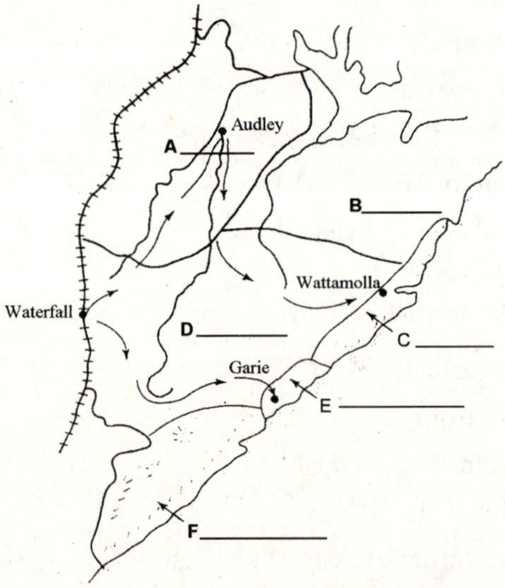

审题分析:

1. 从图形上看这是一道地图题，但这不是一道普通的地图题，它是地图题和配对题的结合，搭配活动区域和活动内容，难度增加。
2. 根据地图的常识原则，没有相应指南针指向，则听题前可按上北、下南、左西、右东的顺序先在地图上标注。

3. 注意听清录音原文中的出发起始点。
4. 注意图中已给出的信息及特殊符号。
5. 从图中看，有九项活动，六个活动区域，可知此题不是一一配对。

⇨ 听题分析：

1. 我们听到他们从Waterfall下火车，到达了Garie海滩，接着我们听到“to the south”，表明是在Garie海滩的南面，从图中看是F区域，接着我们又听到“birds”“watching”等信息，结合地图和活动，第一组答案出现了“F bird-watching”。
2. 第二组答案的出现是在我们听到“around Garie”“swimming”时得到的，“E swimming”。
3. 接着我们听到“to north of Garie”，我们刚想选择D区域，但又听到“along the coast”，这时可判断活动区域是C，D其实是干扰项，和后面听到的信息“cliff to walk”相结合，第三组答案出现“C cliff walks”。
4. 最后一组答案是当我们听到“Audley”和“hire rowboats”时得到的——“A boating”。总之这组题难度较大，不仅要注意活动区域，还要和活动内容相结合。

2.3.2 平面图标注

Labelling a Plan

平面图标注和地图标注一样，对一部分雅思考生来讲也是听力中较难的一种题型，同样，考生应多熟悉一些表示方向的词汇及表达方法。

⇨ 解题思路技巧

1. 仔细看图，形成对平面图内容的大体了解。
2. 看需要标注的平面图的各个部分，确定需要填写的信息类型。
3. 对于平面图中已经出现的信息要把握清楚，已出现的信息可以帮助考生定位答案。
4. 一定要听清表达位置方位的信息提示，如：top, bottom, on the corner, in the middle, above, below, rear, front, next to，in clock wise direction顺时针，in anti-clock/counter-clock wise direction逆时针等表达方法。
5. 平面图符合成比例原则，即：现实生活中什么大到平面上也什么大。

解题示范

TASK 21

Label the plan below and match the places in questions 1-3 to the appropriate letters ***A-G*** *on the plan. (SECTION 2)*

Example	*Answer*
Main stage	......**A**......

1 first aid post ....

2 public telephones ....

3 security post ....

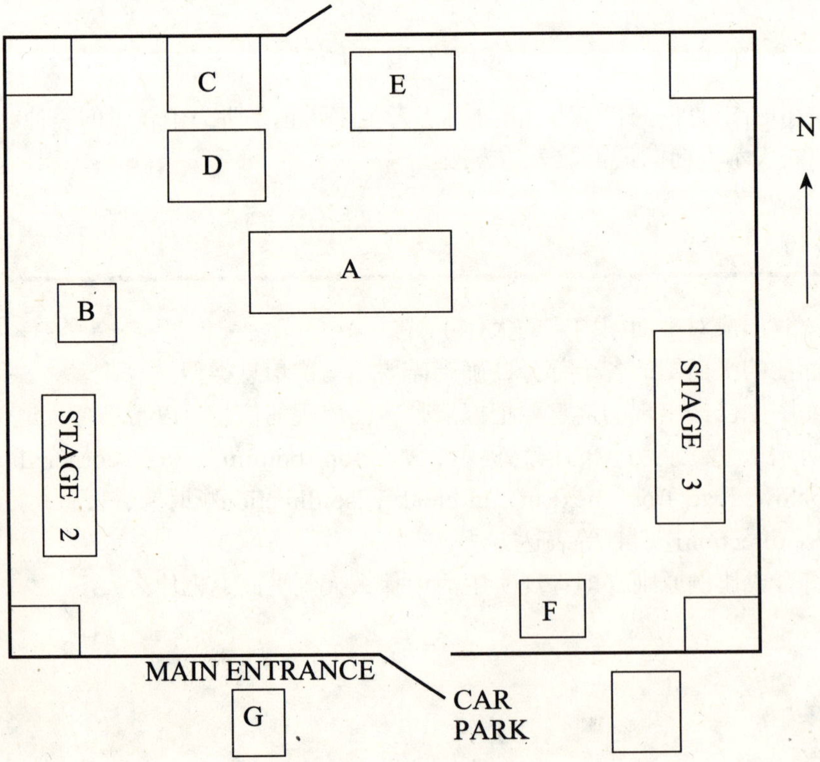

⇨ 审题分析

1. 审题，需把图中的first aid post, public telephones以及security post 标注在图中相应位置。
2. 平面图上已有信息：stage 2, stage 3, main entrance, car park。
3. 根据平面图的上北指向，则可按上北、下南、左西、右东的顺序先在平面上标注。
4. 注意听清录音原文中的speaker的位置。

⇨ 听题分析

1. 当考生从录音中听到stage 1 is the main stage and is where I am speaking from 时可确定speaker的位置。
2. 当录音中传出 the first aid post时，考生应意识到题1答案即将出现，接着考生听到 ... is located directly behind me and to the northeast of the main stage时，确定答案为E。
3. 考生接下来会听到the organizer's office is next to the rear entrance， 于是确定组委会在C，但这并不是需要填写的信息。紧接着考生又清楚地听到 in front of this office you will find ten public telephones， 于是确定第2题的答案为D。
4. 接着录音中又介绍了公共厕所的位置在四个角落，但这并不是考生所需要的答案信息，接下来考生会听到 if you lose anything you should make a report at the security post next to stage 2，于是确定第3题的答案为B。

2.3.3 图解标注

Labelling a Diagram

图解标注题，显现在卷面上必有label——即贴标签一词。往往是考卷上画出某一乐器、一个机器设备等物体，让考生依次在图上标出各个部位的名称。这一题型在最近的考试中出现的频率很低，所以可不做重点题型。

⇨ 解题思路技巧

1. 注意图中已出现的信息和特殊的符号。
2. 注意按题号顺序，永远遵循顺序原则。
3. 这一题型往往会用到这样的结构：

   ...is labelled as ....

   ...is called ....

   ...is .... 等

   考生需要填的是空上的信息，但需要听的是表示方位的专有名词。如：

表示表面的词 surface, face, cover, crust...
表示边沿的词 edge, brim, brink, rim...
表示上面的词 top...
表示下面的词 bottom, base, basin, beneath, underneath...
表示顶点的词 peak, summit, tip, apex, point...
表示核心的词 core, heart, centre...
表示前后左右 in front of, in the front of, back, rear, end, behind, after, left, right, beside, next to...

4. 这一题型如果出现了拼写、数字，则往往是答案。

⇨ 解题示范

TASK 22

Label the diagram and write ***NO MORE THAN THREE WORDS*** *for each answer.*（SECTION 4）

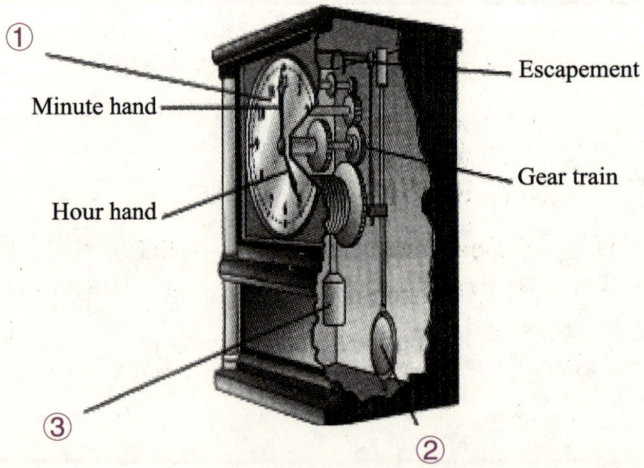

⇨ 审题分析：

1. 虽然题号打乱，但一定按题号顺序去做题。第一题可以看出此空的部位在钟面上面。
2. 第二题的部位在gear train的后面。
3. 这个物体在2这个物体的前面。

⇨ 听题分析

1. 考生先听到图中已出现的hour and minute hands…，接着听到we call this the clock face，即为第一题答案。
2. 紧接着又听到方位信号词behind，意识到第二题到了，接着又听到了图中已出现的信息gear train，接着又听到方位信号词behind，再往后出现了pendulum且进行了拼写，很显然应为答案，pendulum摆锤。
3. 接下来考生又听到录音中出现…a weight…in front of the pendulum…the weight pulls the gear train…，weight重复两遍在录音中出现，答案即此。

2.3.4 流程图

Flow-chart Completion

流程图表示的是事件的先后顺序或是一个过程，常在听力考试的第四部分出现，不是听力考试的重点题型。

⇨ 解题思路技巧

1. 仔细读题，确定背景。
2. 因为这个题型往往是对程序和方法进行描述，考生应注意聆听：
   a. 表示顺序的信号词，如：initially, then, incidentally, finally, 等；
   b. 表示方法中的步骤，如：被动语态结构；
   c. 表示各种指示：
   ① 使用单词、短语做出指示，如：the first step is to…, next…等；
   ② 使用祈使语气等。
3. 这个题型如果出现数字往往是答案。
4. 这一题型的特点是顺序性强，因此考生在做这类题时要同时关注上下、前后的相关信息，也就是建议考生每次看三节信息。

⇨ 解题示范

TASK 23

Complete the flow chart below. Write ***NO MORE THAN THREE WORDS*** *for each answer.　(SECTION 4)*

Olive oil production

Olives picked **1**…………………

↓

Fruit take to the **2**…………………and crushed

↓

Extra virgin oil produced from first pressing

↓

Product bottled and **3**…………………

↓

Transported to markets **4**…………………and …………………

⇨ 审题分析：

1. 审题，这部分题目介绍的是橄榄油的制作过程。
2. 读题预测，划出核心词。

   第一题分析得出需要填写的信息有可能是宾语也有可能是状语；

   第二题填写的是个名词，可能是个地方；

第三题填写的内容应该是个分词结构，和bottled并列；

第四题填写的是个状语。

3. 此段介绍的是个过程，因此要特别留意表示顺序的信号词。

⇨ 听题分析：

1. 当在录音中听到…the first step…时，考生就要留意了，接着听到…to pick the olives by hand…，对应试卷信息，因此第一题的答案确定by hand。注意hand一定要用单数形式，不能加-s。
2. 紧接着考生听到…after this initial process，意味着试卷第二个信息格的内容即将出现。… transported to the mills…，录音中的transported to对应着试卷上的定位信息 take to，确定第二题的答案mills。mill [mil] *n.* 磨坊；磨粉机。
3. 接着在录音中考生会听到…extra virgin oil, comes from the first crush…这一过渡信息，接着speaker又介绍说…the precious "liquid gold"宝贵的液体黄金也就是橄榄油成品，对应试卷定位词Product产品，…bottled in beautiful containers and labelled to show its origin…，第三题的答案确定，即为和bottled并列的labelled，贴上标签。
4. 最后考生又听到标志性的信号词…finally…，意识到第四题答案即将出现，接着听到…finds its way into shops and supermarkets both at home and abroad …，录音中的 finds its way对应着试卷上的transported，shops and supermarkets 对应着试卷上的markets，因此答案确定为at home and abroad，国内外。

3 双向听力雅思场景技巧

在雅思听力考试中，有一些场景是比较常见的，很多考生丢分的主要原因并不在于单纯听力水平上的强弱，而是文化背景知识的欠缺使得考生丢掉不该丢的分数。因为雅思听力考试选用的考试内容都是来自于英联邦国家的日常学习生活场景，如雅思听力考试的第一、二部分考的内容主要是和社会需求有关，也就是考查生存语言能力，主要包括：旅游度假、租房、方位布局（地图）、饮食营养健康、休闲活动、银行付账、求职面试、人物辨别、新闻等；第三、四部分考的内容主要是和教育培训有关，即学术语言能力，主要包括：学校概况及要求、新生入学报到、学习经验交流、课程选择、图书馆、电脑机房、科研调查、讲座授课等。根据这一考试出题特点，考生应对一些较典型的场景加以分析了解，这样才能在考试中化被动为主动，取得好的成绩。

考生还应给予足够重视的一点是，考生过去常用的词汇学习方法是通过眼睛从阅读材料中记忆的，这种从形到义的学习手段有其积极的一面，但对于记忆听力词汇是不适用的。笔者根据多年的雅思听力教学经验在此特别强调：请考生务必注重音、形、义的结合，这也正是我们人类学习语言的正常途径：从音到义，从音到形，因此考生在背诵记忆下列词汇时，应根据所配光碟的读音，让自己的耳朵来适应熟悉这些单词，而不只是用眼睛去记忆。

雅思听力考试高频场景一览表

日常生活场景(section 1/2)					学习生活场景(section 3/4)				
食	住	行	乐	愁	新生入学报到	课程选择及课题研究	学习经验交流	图书馆	讲座授课

3.1 日常生活场景

3.1.1 食

饮食营养是每人每天都离不开的，西方国家的饮食习惯与东方不同，考生应了解西方饮食中的一些常识，这样在考试中才能熟悉场景，目标明确。

相关词汇：

common room 师生公用的休息室
canteen [kæn'tiːn] *n.* 小卖部，食堂
refectory [ri'fektəri] 学校或教堂的小食堂
cafeteria [ˌkæfi'tiəriə] *n.* 自助餐厅，食堂
buffet ['bufei] *n.* 自助餐
barbecue ['bɑːbikjuː] *n.* 烧烤
snack bar 零食店
candy bar 糖果店
vending-machine 自动售货机
spicy/hot ['spaisi] / [hɔt] *adj.* 辛辣的
chilli ['tʃili] *n.* 辣椒
sweet [swiːt] *adj.* 甜的
sour [sauə] *adj.* 酸的
bitter ['bitə] *adj.* 苦的
salty ['sɔːlti] *adj.* 咸味浓的
cheese [tʃiːz] *n.* 奶酪
red meat 红肉
garden salad 田园沙拉
fish & chips 炸鱼派和土豆条
snack [snæk] *n.* 小吃，快餐
refreshment [ri'freʃmənt] *n.* 点心
pork [pɔːk] *n.* 猪肉
steak [steik] *n.* 牛排
sandwich ['sænwidʒ] *n.* 夹心面包，三明治

nut [nʌt] *n.* 坚果
burger ['bəːgə] /hamburger ['hæmbəːgə] *n.* 汉堡包
appetizer ['æpitaizə] *n.* 开胃菜
main course 主菜
dessert [di'zəːt] *n.* 餐后甜点
beverage ['bevəridʒ] *n.* 饮料
vegetarian [ˌvedʒi'teəriən] *n.* 素食者，食草动物；*adj.* 素食的
seafood ['siːfuːd] *n.* 海鲜
take-away 外卖
drive-in restaurant 免下车路边餐馆
pub [pʌb] *n.* 酒馆，客栈
instant coffee 速溶咖啡
espresso [e'spresəu] *n.* 蒸馏咖啡，浓咖啡
cappuccino [kæpu'tʃiːnəu] *n.* 热牛奶咖啡
mineral water 矿泉水
wine [wain] *n.* 葡萄酒
black tea 红茶
skimmed milk 脱脂牛奶
yogurt ['jɔgət] *n.* 酸奶
curry ['kʌri] *n.* 咖喱
ginger ['dʒindʒə] *n.* 姜
ketchup ['ketʃəp] *n.* 调味番茄酱
vinegar ['vinigə] *n.* 醋
toast [təust] *n.* 吐司
soup [suːp] *n.* 汤
dough [dəu] *n.* 生面团
aubergine/egg plant 茄子
broccoli ['brɔkəli] *n.* 西兰花
cauliflower ['kɔːliflauə] *n.* 菜花
celery ['seləri] *n.* 芹菜
rape [reip] *n.* 油菜
spinach ['spinidʒ] *n.* 菠菜
cucumber ['kjuːkʌmbə] *n.* 黄瓜
mushroom ['mʌʃrum] *n.* 蘑菇
pumpkin ['pʌmpkin] *n.* 南瓜
lettuce ['letis] *n.* 生菜
asparagus [ə'spærəgəs] *n.* 芦笋
lentil ['lentl] *n.* 扁豆
pea [piː] *n.* 豌豆
chewing gum 口香糖
lemon ['lemən] *n.* 柠檬
fruit juice 水果汁
vegetable burger 蔬菜汉堡
hot meal 热饭菜
calorie ['kæləri] *n.* 卡路里
calcium ['kælsiəm] *n.* 钙
sodium ['səudiəm] *n.* 钠
fat [fæt] *n.* 脂肪
vitamin ['vaitəmin] *n.* 维生素
protein ['prəutiːn] *n.* 蛋白质
dietary fiber 食用性纤维
nutrient ['njuːtriənt] *a.* 有营养的
cereal ['siəriəl] *n.* 燕麦片
amino acid 氨基酸
metabolism [mi'tæbəlizəm] *n.* 新陈代谢
indigestion [ˌindi'dʒestʃən] *n.* 消化不良
tissue ['tiʃuː] *n.* 组织
healthy diet pyramid 健康饮食金字塔

3.1.2 住

租房场景在雅思听力考试中出现几率极高，在国外生活，租房子是第一要做的事，关于这一背景的考题在考试中频繁出现，考生应掌握相关常识，包括租房要求、家具设备以及地名地址等。

相关词汇：

家具设备

cutlery ['kʌtləri] *n.* 餐具
alarm clock 闹钟
CD player CD机
drawer ['drɔːə] *n.* 抽屉
TV facilities 电视设备
dish [diʃ] *n.* 盘子
the dishes 餐具
dishwasher ['diʃwɔʃə] *n.* 洗碗机
kettle ['ketl] *n.* 壶，罐
spoon [spuːn] *n.* 匙，调羹，勺子
stereo （system） 音响
water heater 热水器
vacuum cleaner 吸尘器
coffee maker 咖啡机
refrigerator / fridge [ri'fridʒəreitə] / [fridʒ] *n.* 冰箱
bed linen 床单及枕套
electric cooker 电灶
gas cooker 煤气灶
cooker hood 抽油烟机
cassette recorder 录音机
telephone ['telifəun] *n.* 电话
washing machine 洗衣机
air-conditioner 空调
central air-conditioning 中央空调
central heating 中央供暖系统
electric fan 电扇
microwave oven 微波炉
radiator ['reidieitə] *n.* 暖气
mobile phone 手机
cellular phone 手机
cordless phone 无绳电话
satellite TV 卫星电视
cable TV 有线电视
antenna [æn'tenə] *n.* 天线
closed circuit TV 闭路电视
fire place 壁炉
electric heater 电暖气
carpet ['kɑːpit] *n.* 地毯
rug [rʌg] *n.* 小地毯
pillow case 枕套
sheet [ʃiːt] *n.* 被单
mattress ['mætris] *n.* 床垫
bedspread ['bedspred] *n.* 床罩
pillow ['piləu] *n.* 枕头
cushion ['kuʃən] *n.* 软垫
blanket ['blæŋkit] *n.* 毯子
towel ['tauəl] *n.* 毛巾
coffee table 茶几
armchair ['ɑːmtʃeə] *n.* 扶手椅
sofa ['səufə] *n.* 长沙发
loan mower 割草机
stool [stuːl] *n.* 厨房高脚椅
tap [tæp] *n.* 水龙头
sink [siŋk] *n.* 洗碗池
cupboard ['kʌbəd] *n.* 橱柜
bath [bɑːθ] *n.* 浴缸
toilet ['tɔilit] *n.* 洗手间
stove [stəuv] *n.* 炉子
oven ['ʌvən] *n.* 烤箱

租房要求

bunk-bed 上下铺
leak [liːk] *vi.* 漏
flicker ['flikə] *n.* 闪烁
curtain ['kəːtn] *n.* 窗帘
fortnight ['fɔːtnait] *n.* 两星期
pet [pet] *n.* 宠物
insurance [in'ʃuərəns] *n.* 保险
blackout ['blækaut] *n.* 停电

emergency / fire gate 紧急出口
lift/elevator [lift] / ['eliveitə] *n.* 升降梯
attic ['ætik] *n.* 阁楼
twin-room 双人间
basement ['beismənt] *n.* 地下室
real estate agency 房屋中介
property agency 房屋中介
land lord/lady 房东
on lease/for rent 出租
deposit [di'pɔzit] *n.* 订金，押金
utility [juː'tiləti] *n.* 水电煤气等公共设施
phone [fəun] *n.* 电话
noisy ['nɔizi] *adj.* 吵闹的
humid ['hjuːmid] *adj.* 潮湿的
laundry ['lɔːndri] *n.* 洗衣房
burglar ['bəːglə] *n.* 入室抢劫者
surroundings [sə'raundiŋz] *n.* 环境
rural ['ruərəl] *adj.* 乡村的
suburb ['sʌbəːb] *n.* 市郊
outskirts ['autskəːts] *n.* 市区的外围地区
urban ['əːbən] *adj.* 市镇的
metropolis [mi'trɔpəlis] *n.* 大都市
cosmopolitan [ˌkɔzmə'pɔlitən] *adj.* 世界性的
downtown ['dauntaun] *adv.* 在市区，往市区； *adj.* 市区的
semi-detached house 半独立式住宅
detached house 独立式住宅
terrace ['terəs] *n.* 一排并列的房子
flat / apartment [flæt] / [ə'pɑːtmənt] *n.* 公寓
dormitory / dorm ['dɔːmitri] / [dɔːm] *n.* 宿舍
hostel ['hɔstl] *n.* 宿舍,招待所
furnished ['fəːniʃid] *adj.* 房子有家具的
unfurnished [ʌn'fəːniʃid] *adj.* 房子不配家具的
entrance ['entrəns] *n.* 入口
lobby ['lɔbi] *n.* 大厅
porch [pɔːtʃ] *n.* 门廊
balcony ['bælkəni] *n.* 阳台
bed-sit 卧室兼起居室
bedroom ['bedrum] *n.* 卧室
living room 起居室
sitting room 起居室
lounge [laundʒ] *n.* 起居室
single room 单人间
double bedroom 双人间
bathroom ['bɑːθruːm] *n.* 浴室,盥洗室
shower ['ʃauə] *n.* 淋浴
kitchen ['kitʃin] *n.* 厨房
garage ['gærɑːʒ] *n.* 车库
rent [rent] *n.* 房租
rental ['rentl] *n.* 租金额
privacy ['praivəsi] *n.* 隐私
residential number 住宅号码
available [ə'veiləbl] *adj.* 可入住的（房子）
lift lobby 电梯前室
cellar ['selə] *n.* 酒窖
client ['klaiənt] *n.* 客户
tenant ['tenənt] *n.* 房客
home stay 住在当地人家
accommodation [əˌkɔmə'deiʃn] *n.* 住所
maximum ['mæksiməm] *n.* 最大量
minimum ['miniməm] *n.* 最小量
suite [swiːt] *n.* 套房
decorate ['dekəreit] *vt.* 装饰
ornament ['ɔːnəmənt] *vt.* 美化
shutter ['ʃʌtə] *n.* 百叶窗
blinder ['blaində] *n.* 眼罩
utensil [juː'tensl] *n.* 器皿
free for heating 免费供暖
incoming call 打进的电话
residence ['rezidəns] *n.* 居住
decoration [ˌdekə'reiʃən] *n.* 装饰，装饰品
study ['stʌdi] *n.* 书房

地名、地址
post code 邮编
zip code 邮编
road [rəud] *n.* 路
avenue ['ævənjuː] *n.* 大街
street [striːt] *n.* 街
lane [lein] *n.* 小巷
drive [draiv] *n.* 快车道
square [skweə] *n.* 广场
boulevard ['buːləvɑːd] *n.* 林荫大道
circus ['səːkəs] *n.* 广场
the United Kingdom of Great Britain and Northern Ireland 大不列颠及北爱尔兰联合王国
Belfast [bel'fɑːst] *n.* 贝尔法斯特
Birmingham ['bəːmiŋˌhæm] *n.* 伯明翰
Cardiff ['kɑːdif] *n.* 加的夫
Coventry ['kɔvəntri] *n.* 考文垂
Edinburgh ['edinbrə] *n.* 爱丁堡
England ['iŋglənd] *n.* 英格兰
Leeds [liːdz] *n.* 利兹
Liverpool ['livəpuːl] *n.* 利物浦
London ['lʌndən] *n.* 伦敦
Manchester ['mænˌtʃistə] *n.* 曼彻斯特
Northern Ireland 北爱尔兰
Scotland ['skɔtlənd] *n.* 苏格兰
Sheffield ['ʃefiːld] *n.* 谢菲尔德
Wales [weilz] *n.* 威尔士
Dublin ['dʌblin] *n.* 都柏林
York [jɔːk] *n.* 约克
Australia [ɔ'streiljə] *n.* 澳大利亚
Adelaide ['ædəleid] *n.* 阿德莱德
Brisbane ['brizbən] *n.* 布里斯班
Canberra ['kænbərə] *n.* 堪培拉
Melbourne ['melbən] *n.* 墨尔本
New South Wales 新南威尔士
Perth [pəːθ] *n.* 珀斯
Queensland ['kwiːnzlənd] *n.* 昆士兰州
Sydney ['sidni] *n.* 悉尼
New Zealand 新西兰
Auckland ['ɔːklənd] *n.* 奥克兰
Christchurch ['kraistʃəːtʃ] *n.* 基督城
Wellington ['welintən] *n.* 惠灵顿
Canada ['kænədə] *n.* 加拿大
British Columbia 不列颠哥伦比亚省
Montreal [ˌmɔntri'ɔːl] *n.* 蒙特利尔
Ontario [ɔn'teəriəu] *n.* 安大略省
Ottawa ['ɔtəwə] *n.* 渥太华
Quebec [kwi'bek] *n.* 魁北克省
Toronto [tə'rɔntəu] *n.* 多伦多
Vancouver [væn'kuːvə] *n.* 温哥华
Victoria [vik'tɔːriə] *n.* 维多利亚
the United States of America 美国
Atlanta [ət'læntə] *n.* 亚特兰大
Boston ['bɔstən] *n.* 波士顿
Chicago [ʃi'kɑːgəu] *n.* 芝加哥
Detroit [di'trɔit] *n.* 底特律
Houston ['hjuːstən] *n.* 休斯敦
Los Angeles 洛杉矶
New York 纽约
Philadelphia [ˌfilə'delfjə] *n.* 费城
San Francisco 旧金山
Seattle [si'ætl] *n.* 西雅图
Washington D. C. 华盛顿
Alaska [ə'læskə] *n.* 阿拉斯加
Berlin [bəː'lin] *n.* 柏林
Rome [rəum] *n.* 罗马
Bali ['bɑːli] *n.* 巴厘岛
Malaysia [mə'leiziə] *n.* 马来西亚
Antarctic [ænt'ɑːktik] *n.* 南极区
Western Europe 西欧
Bristol ['bristl] *n.* 布里斯托尔
Bath [bɑːθ] *n.* 巴思
Tower of London 伦敦塔

3.1.3 行

旅游度假背景包括具体的度假场景和一些大景点的介绍。如：度假概况、度假地选择、度假住处、度假交通工具、机场、气候、语言、流通货币、指路方向等，一些英联邦国家的常见旅游度假地也会在考试中出现。

度假注意事项

casual clothes 休闲服装
visa ['vi:zə] *n.* 签证
extension [ik'stenʃn] *n.* 延期
non-open time 非对外开放时间
jellyfish ['dʒelifiʃ] *n.* 水母，海蜇
sunblock / sunscreen ['sʌnblɔk] / ['sʌnskri:n] *n.* 防晒霜
sunburnt ['sʌnbə:nt] *adj.* 晒黑的，太阳晒伤的
tan [tæn] *n.* 日晒后的肤色
bather ['beiðə] *n.* 泳衣，游泳者
trunks [trʌŋks] *n.* 泳裤
sunglasses ['sʌnglɑ:sis] *n.* 太阳镜
tent [tent] *n.* 帐篷
picnic ['piknik] *n.* 野餐
expedition [ˌekspi'diʃn] *n.* 远征
excursion [ik'skə:ʃn] *n.* 远足,短程旅行
get lost 迷路
compass ['kʌmpəs] *n.* 指南针
helmet ['helmit] *n.* 头盔
torch / flashlight [tɔ:tʃ] / ['flæʃlait] *n.* 手电筒
mosquito [mə'ski:təu] *n.* 蚊子
insect ['insekt] *n.* 昆虫
stinger ['stiŋə] *n.* 刺，螯
repellent [ri'pelənt] *n.* 驱虫剂
hiking boots 登山靴
socks [sɔks] *n.* 短袜
irritation [ˌiri'teiʃn] *n.* 刺激

度假概况

recreation office 娱乐办公室
hectare ['hekteə] *n.* 公顷
acre ['eikə] *n.* 英亩
crop [krɔp] *n.* 农作物
grain [grein] *n.* 谷物，粮食
cereal ['siəriəl] *n.* 谷物
brochure ['brəuʃə] *n.* 旅游介绍的小册子
domestic [də'mestik] *adj.* 驯养的
backpack ['bækpæk] *n.* 双肩背包
voyage ['vɔiidʒ] *n.* 航行
package tour 背包游
directory [di'rektəri] *n.* 目录
leisure activity 休闲活动
excursion [iks'kə:ʃən] *n.* 远足，短程旅行
profile ['prəufail] *n.* 轮廓
vacant seat 空座
extra charge 额外收费
heritage ['heritidʒ] *n.* 遗产
travel agency 旅行社
reservation [ˌrezə'veiʃn] *n.* (旅馆房间等)预定，预约
schedule ['ʃedju:l] *n.* 时间表
fare [feə] *n.* 票款，费用
commence the tour 开始旅行
handicapped ['hændikæpt] *n.* 残疾人
conference room 会议室
cycling route 骑车线路
survival [sə'vaivl] *n.* 生存
intact [in'tækt] *adj.* 完整无缺的，尚未被人碰过的
embassy ['embəsi] *n.* 大使馆

cot [kɔt] *n.* 轻便小床，帆布床
leisure ['leʒə] *n.* 闲暇
itinerary [ai'tinərəri] *n.* 旅游行程
passport ['pɑːspɔːt] *n.* 护照
driving license 驾照
expire [ik'spaiə] *v.* (驾照、护照等)过期
go camping 宿营

度假地

southern hemisphere 南半球
cave [keiv] *n.* 洞穴，窑洞
feed animal 喂动物
safari park （可开车四处观赏的）野生动物园
bird watching （在大自然中）对鸟的观察研究
harbor ['hɑːbə] *n.* 海港
exhibition [ˌeksi'biʃn] *n.* 展览会，展览
reproduction [ˌriːprə'dʌkʃn] *n.* 复制品
sculpture ['skʌlptʃə] *n.* 雕塑
diving gear 潜水设备
rain forest 雨林
beach [biːtʃ] *n.* 海滩
coast [kəust] *n.* 海岸
vineyard ['vinjəd] *n.* 葡萄园
museum [mju(ː)'ziəm] *n.* 博物馆
souvenir [ˌsuːvə'niə] *n.* 纪念品
art gallery 画廊
surfing ['səːfiŋ] *n.* 冲浪
skiing ['skiːiŋ] *n.* 滑雪
Great Barrier Reef 大堡礁
Sydney Opera House 悉尼歌剧院
Uluru ['uːluru] （Ayers Rock）*n.* 红岩山
Stonehenge ['stəunhendʒ] *n.* 巨石阵
wild-life zoo 野生动物园
national park 国家公园
scuba-diving 深水潜水
resort [ri'zɔːt] *n.* 胜地
Mecca ['mekə] *n.* 圣地
seven-screen cinema 能同时放映七部电影的影城
fossil ['fɔsl] *n.* 化石
cliff [klif] *n.* 悬崖
swimming costume 游泳衣
ancient ['einʃənt] *adj.* 古代的
touch table 方便残疾人的可触摸的介绍表格
feature ['fiːtʃə] *n.* 特点
forest ['fɔrist] *n.* 森林
fishing farm 渔场
feed [fiːd] *vt.* 喂养
reception [ri'sepʃən] *n.* 接待
botanical garden 植物园
cathedral [kə'θiːdrəl] *n.* 大教堂
castle ['kɑːsl] *n.* 城堡
picnic ['piknik] *n.* 野餐
tower ['tauə] *n.* 塔
information board 通知板
in advance 事先
book [buk] *vt.* 预订
safety helmet 头盔
cheese production 奶酪生产
cost [kɔst] *n.* 价钱，费用
dial ['daiəl] *v.* 拨
extra pay 额外付款
local guide 当地导游
focus ['fəukəs] *n.* 重点
historical interest 历史景观
guided tour 带导游的观光
sign name 签名
notice board 布告栏
leisure ['leʒə] *n.* 休闲
industrial [in'dʌstriəl] *adj.* 工业的
formal park 整齐的公园
Olympic [əu'limpik] *adj.* 奥林匹克的
stadium ['steidiəm] *n.* 体育场

rose garden 玫瑰园
gymnasium [dʒim'neiziəm] n. 体育馆
cafe ['kæfei] n. 咖啡馆
facility [fə'siləti] n. 设备
cycling ['saikliŋ] n. 骑脚踏车兜风
shelter ['ʃeltə] n. 遮蔽所，庇护所
bank [bæŋk] n. 堤岸
unavailable ['ʌnə'veiləbl] a. 难以得到的
organic farming 有机农场
demonstration [ˌdemən'streiʃn] n. 演示
survival course 生存课程
route [ruːt] n. 路线，路程
charity ['tʃærəti] n. 慈善
special feature 特点
wood-carving 木雕
weave [wiːv] v. 编织

度假住处

sleeping bag 睡袋
snorer ['snɔːrə] n. 打鼾者
lodge [lɔdʒ] n. 乡间小舍
motel [məu'tel] n. 汽车旅馆
hostel ['hɔstəl] n. 青年旅社
cottage ['kɔtidʒ] n. 村舍
inn [in] n. 客栈
B&B (bed and breakfast) 旅游者住在当地人家里，提供床铺和早餐的住房服务
cabin ['kæbin] n. 小木屋

交通工具

mountain bike 山地车
pannier ['pæniə] n. （挂在自行车或摩托车两侧的）挂篮，挂包
bus route map 公交路线图
wheelchair ['wiːltʃɛə(r)] n. 轮椅
hiking [haiking] n. 徒步旅行
hitch-hike 搭便车旅行
tractor ['træktə] n. 拖拉机
back-packer 背包自助旅行的人
platform ['plætfɔːm] n. 站台
coach [kəutʃ] n. 旅游轿车，长途汽车
off-road 越野的
four-wheel drive 四轮驱动
caravan ['kærəvæn] n. 房车
express（train）快车，快递
petrol ['petrəl] n. <英>汽油（=<美>gasoline ['gæsəliːn]）
commuter [kə'mjuːtə] n. 通勤者，经常往返者
cable car 缆车
drop off 搭顺风车，下车
stern [stəːn] n. 船尾
mileage ['mailidʒ] n. 英里数，英里里程
double decker bus 双层车
tram [træm] n. 有轨电车
trolley ['trɔli] n. 无轨电车
shuttle ['ʃʌtl] n. 往返机车
taxi/cab ['tæksi] / [kæb] n. 出租车
lorry ['lɔri] n. 卡车
truck [trʌk] n. 卡车
trailer ['treilə] n. 拖车
underground ['ʌndəgraund] n. 地铁
subway ['sʌbwei] n. 地铁
tube [tjuːb] n. 地铁
metro ['metrəu] n. 地铁系统
ferry ['feri] n. 渡轮
cruise [kruːz] n. 游轮
row [rəu] v. 划船
sun-shield 遮阳板
windscreen ['windskriːn] n. 挡风玻璃
wheel [wiːl] n. 轮子
steering wheel 方向盘
tyre ['taiə] n. 轮胎
make [meik] n. 牌子
brake [breik] n. 刹车

horn [hɔːn] *n.* 汽车喇叭
ignition [ig'niʃən] *n.* 点火
driving licence number 驾驶执照号码
licence plate number 车牌号
alarm system 报警系统
siren ['saiərən] *n.* 警报器

机场

flight number 航班号
book the ticket 订票
take off 起飞
land [lænd] *v.* 降落
check in 办理登机手续
charter flight 包机
book in advance 事先预定
make a reservation/book 预定
runway ['rʌnwei] *n.* 飞机跑道
taxi ['tæksi] *v.* 飞机滑行
baggage / luggage ['bægidʒ] / ['lʌgidʒ] *n.* 行李，皮箱
baggage reclaim 行李提取处
departure lounge 候机厅
destination [ˌdesti'neiʃn] *n.* 目的地
bound for 去，准备去
crew [kruː] *n.* 机组成员
pilot ['pailət] *n.* 驾驶员
flight attendant 空中乘务员
steward / stewardess ['stjuːəd] / ['stjuːədis] *n.* (轮船，飞机等)男女乘务员
international/domestic arrival/departure 国际/内到/出港
customs ['kʌstəms] *n.* 海关
duty-free shop 免税店
economy class 经济舱
first class 头等舱
business class 商务舱

气候情况

chilly ['tʃili] *adj.* 寒冷的
humid ['hjuːmid] *adj.* 潮湿的
arid ['ærid] *adj.* 干旱的
mild [maild] *adj.* 温和的
tropical ['trɔpikl] *adj.* 热带的
equator [i'kweitə] *n.* 赤道
Fahrenheit ['færənhait] *n.* 华氏度
Centigrade / Celsius ['sentigreid] / ['selsiəs] *adj.* 摄氏度的

语言

Portuguese [ˌpɔːtju'giːz] *n.* 葡萄牙语
Arabic ['ærəbik] *n.* 阿拉伯语
German ['dʒəːmən] *n.* 德语
Spanish ['spæniʃ] *n.* 西班牙语
Mandarin ['mændərin] *n.* 普通话
Cantonese [ˌkæntə'niːz] *n.* 广东话
dialect ['daiəlekt] *n.* 方言
accent ['æksənt] *n.* 口音
Sino-Tibetan [ˌsainəuti'betn] *n.* 汉藏语系

流通货币

credit card 信用卡
currency ['kʌrənsi] *n.* 流通货币
dollar ['dɔlə] *n.* 美元
cent [sent] *n.* 分
pound [paund] *n.* 英镑
penny / pence ['peni] / [pens] *n.* 便士
Japanese yen 日元
Euro ['juərəu] *n.* 欧元
buck [bʌk] *n.* 美元

方位布局地图

clockwise ['klɔkwaiz] *adj.* 顺时针方向的；*adv.* 顺时针方向地
anti- / counter-clockwise direction 逆时针

方向
on the left/right 在左/右边
turn （to the）left/right 向左/右转
around （the corner）to the left/right 在拐弯处向左/右转
front [frʌnt] *n.* 前面
behind [bi'haind] *adv.* 在后地；*prep.* 在……之后，在……后面
beside [bi'said] *prep.* 在旁边
be on the corner of ... street and ... avenue 在……街和……街的拐角处
parallel ['pærəlel] *adj.* 平行的
cross [krɔs] *adj.* 交叉的；*v.* 使交叉
corridor ['kɔridɔː] *n.* 走廊
path [pɑːθ] *n.* 小路，小径
passage ['pæsidʒ] *n.* 通道
aisle [ail] *n.* 过道
signpost ['sainpəust] *n.* 路标
arrow ['ærəu] *n.* 箭头
elevator ['eliveitə] *n.* 升降梯
escalator ['eskəleitə] *n.* 滚梯
pedestrian crossing 交叉人行道
zebra crossing 斑马线
crosswalk ['krɔswɔːk] *n.* (供行人穿越道路用)人行横道
pelican crossing 由行人控制交通指挥灯的人行横道
pavement / sidewalk ['peivmənt] / ['saidwɔːk] *n.* 人行道,人行便道
overpass ['əuvəpɑːs] *n.* 立交桥
underpass ['ʌndəpɑːs] *n.* 地下道，高架桥下通道，地下通道
cloverleaf ['kləuvəliːf] *n.* 蝶式立体交叉桥
road [rəud] *n.* 路，道路
street [striːt] *n.* 街，街道
lane [lein] *n.* （乡间）小路，巷，里弄
boulevard ['buːlvɑːd] *n.* 林荫道
drive [draiv] *n.* （通往住宅的）私人车道
opposite ['ɔpəzit] *adj.* 相对的,对面的
step [step] *n.* 台阶
intersection / crossroad /junction [ˌintə(ː)'sekʃən] / ['krɔsrəud] / ['dʒʌŋkʃən] *n.* 十字路口
T-junction 丁字路口
ground floor 首层
wing [wiŋ] *n.* 配楼（与主楼相连）
annexe ['æneks] *n.* 配楼（附属建筑）
landmark ['lændmɑːk] *n.* 标志性建筑
nursery ['nəːsəri] *n.* 托儿所

3.1.4 乐

在这一场景中，主要是对日常生活场景的描述，如看文艺演出、参加课外运动、购物、银行、进行求职面试、找工作以及人物的辨别等。

相关词汇：

文艺演出

circus ['səːkəs] *n.* 马戏
acrobatics [ˌækrə'bætiks] *n.* 杂技
magic/trick ['mædʒik] / [trik] *n.* 魔术
juggle ['dʒʌgl] *n.* 手技
ballet ['bælei] *n.* 芭蕾
mime [maim] *n.* 哑剧
comedy ['kɔmədi] *n.* 喜剧
seven-screen cinema 能同时放映七部电影的影城
guitar [gi'tɑː] *n.* 吉他
comedian [kə'miːdiən] *n.* 喜剧演员
puppet ['pʌpit] *n.* 木偶

trapeze [trə'pi:z] *n.* 秋千
release [ri'li:s] *vt.* 发行
blockbuster ['blɔk,bʌstə] *n.* 大片
classic music 古典音乐
documentary [ˌdɔkju'mentri] *n.* 纪录片
thriller ['θrilə] *n.* 惊悚片
TV chat show 电视聊天节目
subtitle ['sʌbtaitl] *n.* 电影对白字幕
concert ['kɔnsət] *n.* 音乐会
spectator [spek'teitə] *n.* 观众
audience ['ɔ:diəns] *n.* 听众
sound effect 声效

课外运动

tennis ['tenis] *n.* 网球
table tennis 乒乓球
polo ['pəuləu] *n.* 马球
water polo 水球
skiing ['ski:iŋ] *n.* 滑雪
water skiing 划水
gym [dʒim] *n.* 健身房，体育馆
yoga ['jəugə] *n.* 瑜伽
cycling ['saikliŋ] *n.* 骑自行车
jogging ['dʒɔgiŋ] *n.* 慢跑
weight training 力量性训练
stadium ['steidiəm] *n.* 体育场
hi-tech fitness center 高科技健身中心
squash [skwɔʃ] *n.* 壁球
cricket ['krikit] *n.* 板球
rugby ['rʌgbi] *n.* 橄榄球
golf [gɔlf] *n.* 高尔夫球
bowling ['bəuliŋ] *n.* 保龄球
billiard house 台球厅
pool [pu:l] *n.* 落袋
snooker ['snu:kə] *n.* 斯诺克
hockey ['hɔki] *n.* 曲棍球
ice hockey 冰球
skating ['skeitiŋ] *n.* 滑冰
roller blade 直排轮滑
badminton ['bædmintən] *n.* 羽毛球
baseball ['beisbɔ:l] *n.* 棒球
softball ['sɔftbɔ:l] *n.* 垒球
beach volleyball 沙滩排球
football ['futbɔ:l] *n.* 足球
treadmill ['tredmil] *n.* 跑步机
track and field 田径
tournament ['tuənəmənt] *n.* 联赛
athlete ['æθli:t] *n.* 运动员
referee [ˌrefə'ri:] *n.* 裁判
coach [kəutʃ] *n.* 教练
cheer leader 拉拉队长
martial arts 武术
wrestling ['resliŋ] *n.* 摔跤
judo ['dʒu:dəu] *n.* 柔道
karate [kə'rɑ:ti] *n.* 空手道
box [bɔks] *n.* 拳击
canoeing [kə'nu:iŋ] *n.* 划独木舟
court club（网球、垒球等）球类俱乐部
bowling alley 保龄球道

购物

bank holiday 银行假日，公众假日
national holiday 公共假期
weekdays ['wi:kdeiz] *n.* 工作日
discount ['diskaunt] *n.* 折扣
sports article 运动物品
refund [ri'fʌnd] *v.* 退款
entertainment [entə'teinmənt] *n.* 娱乐
leisure ['leʒə] *n.* 休闲
shopping mall 大型购物中心
department store 百货商场

银行付帐

bank transfer 银行转账
loan [ləun] n. 贷款
student debt 学生借贷
cash [kæʃ] n. 现金
currency ['kʌrənsi] n. 流通货币
bill / note [bil] / [nəut] n. 纸币
coin [kɔin] n. 硬币
cheque [tʃek] n. 支票
chequebook ['tʃekbuk] n. 支票本
traveller's cheque 旅行支票
credit card 信用卡
Master Card 万事达卡
Visa Card 维萨卡
American Express Card 美国运通卡
account [ə'kaunt] n. 账户
PIN [pin] n. 密码
activate ['æktiveit] vt. 激活
deposit [di'pɔzit] vt. 存
withdraw [wið'drɔː] vt. 取
bank statement 银行对账单
interest rate 利率
ATM / Automatic Teller Machine 自动取款机
overdraft ['əuvədrɑːft] n. 透支
mortgage ['mɔːgidʒ] n. 抵押贷款
net [net] adj. 净余的，纯粹的
gross [grəus] adj. 总的
bonus ['bəunəs] n. 奖金
interest ['intrist] n. 利息
branch [brɑːntʃ] n. 分支
eligible ['elidʒəbl] adj. 合格的
individual circumstances 个人情况
documentation [ˌdɔkjumen'teiʃən] n, 文件
special concession 特殊优惠
money order 汇票
transfer [træns'fəː] n. 转账

求职面试

volunteer [ˌvɔlən'tiə] n. 志愿者
sack [sæk] v. 解雇
vacant position 空缺职位
applicant ['æplikənt] n. 申请人
job interview 求职面试
personnel manager 人事经理
full-time job 全职工作
part-time job 兼职工作
recruit [ri'kruːt] vi. 招聘
pianist ['piənist] n. 钢琴家
stock market 股票市场
name badge 名字胸章
client ['klaiənt] n. 客户
cashier [kæ'ʃiə] n. 收银员
commission [kə'miʃn] n. 佣金
day shift 日班
window dressing 布置橱窗
routine work 例行公事
pension ['penʃən] n. 退休金
salary ['sæləri] n. 薪水
wage [weidʒ] n. 工资
challenging ['tʃælindʒiŋ] adj. 富有挑战的
stimulating ['stimjuleitiŋ] adj. 刺激的
interesting ['intristiŋ] adj. 有趣的
full of adventure 充满冒险的
initial [i'niʃəl] n. 词首大写字母
gender ['dʒendə] n. 性别
designer [di'zainə] n. 设计师
accountant [ə'kauntənt] n. 会计（员），会计师
engineer [ˌendʒi'niə] n. 工程师
disabled / handicapped [dis'eibəld] / ['hændikæpt] adj. 残疾的
night shift 夜班
unsocial hours 非正常工作时间（如早班，夜班）
shift work 倒班

council ['kaunsl] *n.* 委员会
register ['redʒistə] *n.* 登记
welfare ['welfeə] *n.* 福利
contract ['kɔntrækt] *n.* 合同
replacement [ri'pleismənt] *n.* 代替者
bonus ['bəunəs] *n.* 奖金
identity [ai'dentiti] *n.* 身份
community [kə'mju:niti] *n.* 社区
D. O. B. / Date of Birth 出生年月日

人物辨别

over-weight 胖的
sturdy ['stə:di] *adj.* 壮的
stout [staut] *adj.* 结实的
stocky ['stɔki] *adj.* 健壮结实的
chubby ['tʃʌbi] *adj.* 圆胖的
plump [plʌmp] *adj.* 丰满的
medium-built 中等身材的
slender ['slendə] *adj.* 苗条的
lean [li:n] *adj.* 瘦的
blond [blɔnd] *adj.* 金发的
fair [feə] *adj.* 浅色的
straight [streit] *adj.* 直发的
curly ['kə:li] *adj.* 卷发的
beard [biəd] *n.* 下巴上的胡子
moustache [mə'stɑ:ʃ] *n.* 嘴巴上的胡子
clean-shaven 胡子刮得很干净的
bald [bɔ:ld] *adj.* 谢顶的
wig [wig] *n.* 假发
dye [dai] *vt.* 染发
spectacles ['spektəklz] *n.* 眼镜
contact lens 隐形眼镜
hat [hæt] *n.* 礼帽
cap [kæp] *n.* 棒球帽
umbrella [ʌm'brelə] *n.* 伞
cane /stick [kein] / [stik] *n.* 拐杖
dimple ['dimpl] *n.* 酒窝
pimple ['pimpl] *n.* 青春痘
freckle ['frekl] *n.* 雀斑
mole [məul] *n.* 痣
wrinkle ['riŋkl] *n.* 皱纹
chin [tʃin] *n.* 下巴
cheek [tʃi:k] *n.* 面颊
forehead ['fɔrid] *n.* 前额
blouse [blauz] *n.* 女士衬衫
beauty spot 美人痣
scar [skɑ:] *n.* 疤痕
short hair 短发
long hair 长发
tall [tɔ:l] *adj.* 高的
high [hai] *adj.* 高的
short [ʃɔ:t] *adj.* 矮
thin [θin] *adj.* 瘦的
average height 平均高度
wear a tie 戴领带
bow tie 领结
T-shirt T恤衫
pullover ['puləuvə] *n.* 套头毛衣
sweater / jersey ['swetə] / ['dʒə:zi] *n.* 套头衫，运动衫
suit [sjut] *n.* 西服，套装
jumper ['dʒʌmpə] *n.* 套头外衣
trousers ['trauzəz] *n.* 裤子
jeans [dʒi:ns] *n.* 牛仔裤
sandals ['sændlz] *n.* 凉鞋
jewelry ['dʒu:əlri] *n.* 珠宝
laughter lines 笑纹
thick eyebrows 浓眉
long eyelashes 长睫毛
high lined forehead 大脑门
high cheek bones 高颧骨
full lips 厚嘴唇
turned-up nose 翘鼻
double chin 双下巴

crew cut 平头
short spiky hair 寸头
formal clothes 正装
casual clothes 休闲服
polo shirt 马球衫
fancy dress 聚会时所穿的奇装异服
jacket ['dʒækit] n. 夹克
sportswear ['spɔːtswɛə] n. 运动服，休闲服
raincoat ['reinkəut] n. 雨衣
loose [luːs] adj. 宽松的
tight [tait] adj. 紧绷的
ponytail ['pəuniteil] n. 马尾辫
plait [plæt] n. 编辫
pigtail ['pigˌteil] n. 小编辫
bun [bʌn] n. 发髻
brother-in law 丈夫/妻子的兄弟
pal [pæl] n. 朋友

3.1.5 愁

日常生活中也会有些不愉快的事情，如看医生、丢失行李用品、物品被盗、保险索赔、天灾人祸等。

求医问药

lung [lʌŋ] n. 肺，肺脏
chest [tʃest] n. 胸腔，胸膛
infection [in'fekʃən] n. 传染病，感染
drowsy ['drauzi] adj. 昏昏欲睡的
yellow fever 黄热病
hay fever 枯草热
vaccine ['væksiːn] n. 疫苗
injection [in'dʒekʃən] n. 注射
chemist / pharmacy / drug store 药店
optic examination 视力检查
allergy ['ælədʒi] n. 过敏
leprosy ['leprəsi] n. 麻风病
epidemic [ˌepi'demik] adj. 流行的，传染的 n. 流行病
chronic ['krɔnik] adj. 慢性的
precaution [pri'kɔːʃən] n. 预防
flu / influenza [fluː] / [ˌinflu'enzə] n. 流行性感冒
ulcer ['ʌlsə] n. 溃疡
clinic ['klinik] n. 诊所
hospital ['hɔspitl] n. 医院
first-aid ['fəːst'eid] adj. 急救的，急救用的
patient ['peiʃənt] n. 病人
dentist ['dentist] n. 牙科医生
dizzy ['dizi] adj. 晕
headache ['hedeik] n. 头痛
cough [kɔːf] n. 咳嗽 v. 咳嗽
pulse [pʌls] n. 脉搏
blood pressure 血压
symptom ['simptəm] n. 症状
sore [sɔː] adj. 疼痛的
stuffy ['stʌfi] adj. 窒息的
running ['rʌniŋ] adj. 流动的
surgeon ['səːdʒən] n. 外科医生
prescription [pri'skripʃən] n. 处方
penicillin [ˌpeni'silin] n. 青霉素
aspirin ['æspərin] n. 阿司匹林(解热镇痛药)
antibiotic [ˌæntibai'ɔtik] n. 抗生素
ward [wɔːd] n. 病房
life expectancy 预期寿命
pill [pil] n. 药丸
tablet ['tæblit] n. 药片
herb [həːb] n. 草药
capsule ['kæpsjuːl] n. 胶囊

ointment ['ɔintmənt] *n.* 药膏
lozenge ['lɔzindʒ] *n.* 含片
syrup ['sirəp] *n.* 糖浆
drop [drɔp] *n.* 滴，滴剂
poisoning ['pɔizniŋ] *n.* 中毒
remedy ['remidi] *n.* 药物，治疗法
therapy ['θerəpi] *n.* 治疗
checkup ['tʃekʌp] *n.* 身体检查
insomnia [in'sɔmniə] *n.* 失眠
arthritis [ɑː'θraitis] *n.* 关节炎
fatigue [fə'tiːg] *n.* 疲劳
twist [twist] *v.* 扭伤
sprain [sprein] *v.* 扭伤
swell [swel] *v.* 肿胀
bruise [bruːz] *n.* 淤伤
sneeze [sniːz] *vi.* 打喷嚏
hiccup ['hikʌp] *n.* 打嗝; *v.* 打嗝
diarrhea [ˌdaiə'riə] *n.* 痢疾,腹泻
diagnosis [ˌdaiəg'nəusis] *n.* 诊断
dosage ['dəusidʒ] *n.* 剂量，配药
elbow ['elbəu] *n.* 胳膊肘
painkiller ['peinˌkilə] *n.* 止痛药
sleeping pill 安眠药
immune system 免疫系统
psychological [ˌsaikə'lɔdʒikəl] *adj.* 心理的

天灾人祸

air-crash 空难
drought [draut] *n.* 干旱
flood [flʌd] *n.* 洪水
earthquake ['əːθkweik] *n.* 地震
volcano [vɔl'keinəu] *n.* 火山

tidal wave 海啸
tornado/twister [tɔː'neidəu] / ['twistə] *n.* 龙卷风
hurricane ['hʌrikən] *n.* 飓风
typhoon [tai'fuːn] *n.* 台风
disaster [di'zɑːstə] *n.* 灾难
disease [di'ziːz] *n.* 疾病
plague [pleig] *n.* 瘟疫
casualty ['kæʒuəlti] *n.* 伤亡
death toll 死亡数
fatality [fə'tæliti] *n.* 死亡数
news bulletin 新闻公告
financial assistance 经济援助
rescue ['reskjuː] *vt.* 援救
wreckage ['rekidʒ] *n.* 残骸
fire brigade 消防队
medical team 医疗队
derail [di'reil] *vt.* 出轨
survivor [sə'vaivə] *n.* 幸存者
toll-free number 免费电话号码
hotline ['hɔtˌlain] *n.* 热线电话
ambulance ['æmbjuləns] *n.* 救护车
fire engine 救火车
police car 警车
theft [θeft] *n.* 偷窃
burglar ['bəːglə] *n.* 夜贼
panic ['pænik] *n.* 恐慌
priority [prai'ɔriti] *n.* 优先权
illegal [i'liːgl] *adj.* 非法的
double lock 双锁
cop [kɔp] *n.* 警察
capital punishment 极刑，死刑

3.2 学习生活场景

3.2.1 新生入学报到

在此场景，考生应对在国外接受教育和其教学方式十分了解，如开学注册报到注意事项、学校学习要求等，这样就能在考试中有针对性地听取信息，捕捉信息点。

相关词汇：

学校概况及要求

institute ['institju:t] *n.* 学院
freshman ['freʃmæn] *n.* 大学一年级学生
sophomore ['sɔfəmɔ:] *n.* 大学二年级学生
junior ['dʒu:niə] *n.* 大学三年级学生
senior ['si:niə] *n.* 大学四年级学生
undergraduate [ˌʌndə'grædʒuət] *n.* 本科在读生
postgraduate [ˌpəust'grædʒuət] *n.* 研究生
commission [kə'miʃən] *n.* 委员会
kindergarten ['kindəgɑ:tn] *n.* 幼儿园
student union 学生会
facility [fə'siliti] *n.* 设备
semester [si'mestə] *n.* 学期
assessment [ə'sesmənt] *n.* 评估
term [tə:m] *n.* 学期；专业术语；条款
secondary education 中等教育
higher education 高等教育
adult education 成人教育
open admission 免试入学制
curriculum vitae 履历
tertiary education 高等教育
preparatory [pri'pærətri] *adj.* 预备的
graduate school 研究生院
open university 夜大，函大
fieldwork ['fi:ldwə:k] *n.* 实地调查，实习
School of Arts and Sciences 文理学院
auditor/guest student 旁听生
boarder ['bɔ:də] *n.* 住宿生
bachelor ['bætʃələ] *n.* 学士
master ['mɑ:stə] *n.* 硕士
doctor ['dɔktə] *n.* 博士
alumnus/ alumna [ə'lʌmnəs] / [ə'lʌmnə] *n.* 男/ 女校友
Alma Mater 母校
graduation appraisal 毕业评估
graduation ceremony / commencement 毕业典礼
diploma/ graduation certificate 毕业证书
degree [di'gri:] *n.* 学位
certificate [sə'tifikit] *n.* 证书
qualification [ˌkwɔlifi'keiʃən] *n.* 资格
expert ['ekspə:t] *n.* 专家
consultant [kən'sʌltənt] *n.* 顾问
faculty ['fækəlti] *n.* 教职员工的总称；学院
teaching assistant 助教
dean [di:n] *n.* 学校分院长，系主任
principal / president ['prinsipl] / ['prezidənt] *n.* 校长
coordinator [ˌkəu'ɔ:dineitə] *n.* 协调人
lecturer ['lektʃərə] *n.* 讲师
associate professor 副教授
professor [prə'fesə] *n.* 教授
school counselor 校辅导员
supervisor ['su:pəvaizə] *n.* 论文指导老师
career advisor 职业指导官

adviser / mentor [əd'vaizə]/['mentɔː] n. 导师
chancellor ['tʃɑːnsələ] n. 名誉校长
coeducation [ˌkəuˌedʒu'keiʃən] n. 男女生同校制度
primary / elementary school 小学
junior high school 初中
senior high school 高中
attached middle school 附中
technical school 技校
polytechnic [ˌpɔli'teknik] n. 理工学院/工艺学校
key school 重点中学
letter of recommendation 推荐信
sponsor ['spɔnsə] n. 担保人，赞助人
grant [grɑːnt] n. 拨款，授予物
loan [ləun] n. 贷款
tuition [tjuː'iʃən] n. 学费
scholarship ['skɔləʃip] n. （本科）奖学金，学问，学识
fellowship ['feləuʃip] n. 研究生奖学金

新生入学报到

orientation [ˌɔrien'teiʃən] n. 新生熟悉情况
enrollment [in'rəulmənt] n. 注册，入学
register/enroll ['redʒistə] / [in'rəul] v. 登记，报到
opening ceremony 开学典礼
recreation center 娱乐中心
application form 申请表
book list 书单
give confirmation 确认
conference room 会议室
overhead projector 投影仪
attendance [ə'tendəns] n. 出勤
exemption [ig'zempʃən] n. 免修
resit [riː'sit] v. 重考，补考
report [ri'pɔːt] n. /vt. 报告
reference ['refrəns] n. 参考书
bibliography [ˌbibli'ɔgrəfi] n. 书目，索引，文献
plagiarism ['pleidʒərizəm] n. 剽窃，抄袭
cheat [tʃiːt] v. 作弊
auditorium [ˌɔːdi'tɔːriəm] n. 大礼堂
drop out 辍学
curriculum [kə'rikjuləm] n. 课程
syllabus ['siləbəs] n. 大纲
credit point 学分
credit system 学分制
score [skɔː] n. 分数，成绩
prerequisite [ˌpriː'rekwizit] n. 先决条件; adj. 首要的，必备的
campus ['kæmpəs] n. 校园
venue ['venjuː] n. 场地
teaching facilities 教学设施

3.2.2 课程选择及课题研究

课程级别及选择是考试中常见的话题，考生应熟悉不同的课程类别。同时学生们写论文、做研究项目时都会碰到不同的调查方式，这部分场景内容常常在雅思听力考试的第3部分出现。

相关词汇：

课程选择

literature ['litərətʃə] n. 文学
beginner course 入门课
foundation course 基础课
basic course 基础课

elementary course 初级课
primary course 初级课
secondary course 中级课
intermediate [ˌintəˈmiːdiət] *adj.* 中级的
advanced [ədˈvɑːnst] *adj.* 高级的
compulsory course 必修课
required course 必修课
optional course 选修课
elective course 选修课
specialized course 专业课
general course 公共课
major [ˈmeidʒə] *vi.* 主修
minor [ˈmainə] *vi.* 辅修
archaeology [ˌɑːkiˈɔlədʒi] *n.* 考古学
architecture [ˈɑːkitektʃə] *n.* 建筑学
astronomy [əˈstrɔnəmi] *n.* 天文学
agriculture [ˈægrikʌltʃə] *n.* 农业
geography [dʒiˈɔgrəfi] *n.* 地理学
geology [dʒiˈɔlədʒi] *n.* 地质学
chemistry [ˈkemistri] *n.* 化学
micro-biology 微生物学
marine-biology 海洋生物学
hospitality [ˌhɔspiˈtæliti] *n.* 酒店管理，服务管理
botany [ˈbɔtəni] *n.* 植物学
zoology [zəuˈɔlədʒi] *n.* 动物学
ecology [i(ː)ˈkɔlədʒi] *n.* 生态学
electronics [iˌlekˈtrɔniks] *n.* 电子学
mathematics/maths [ˌmæθiˈmætiks] / [mæθs] *n.* 数学
statistics [stəˈtistiks] *n.* 统计学
genetics [dʒiˈnetiks] *n.* 遗传学
physiology [ˌfiziˈɔlədʒi] *n.* 生理学
philosophy [fiˈlɔsəfi] *n.* 哲学
history [ˈhistri] *n.* 历史
art [ɑːt] *n.* 艺术，美术
sociology [ˌsəusiˈɔlədʒi] *n.* 社会学
linguistics [liŋˈgwistiks] *n.* 语言学
psychology [saiˈkɔlədʒi] *n.* 心理学
engineering [ˌendʒiˈniəriŋ] *n.* 工程学
business [ˈbiznis] *n.* 商务，商业
law [lɔː] *n.* 法学
economics [ˌiːkəˈnɔmiks] *n.* 经济学
finance [ˈfainæns] *n.* 金融学
accounting [əˈkauntiŋ] *n.* 会计学
banking [ˈbæŋkiŋ] *n.* 银行学
biochemistry [ˌbaiəuˈkemistri] *n.* 生物化学
physics [ˈfiziks] *n.* 物理学
anthropology [ˌænθrəˈpɔlədʒi] *n.* 人类学
politics [ˈpɔlitiks] *n.* 政治，政治学
blank [blæŋk] *adj.* 空白的
research [riˈsəːtʃ] *n.* 研究
poll [pəul] *n.* 民意调查
survey [ˈsəːvei] *n.* 调查
analyze data 分析数据
questionnaire [ˌkwestʃəˈneə] *n.* 调查问卷
case study 案例调查
observation [ˌɔbzəˈveiʃən] *n.* 观察
hypothesis [haiˈpɔθisis] *n.* 假设
statistics [stəˈtistiks] *n.* 统计
valid/invalid [ˈvælid] / [inˈvælid] *adj.* 有效的/无效的
data/datum [ˈdeitə] / [ˈdeitəm] *n.* 数据
investigation [inˌvestiˈgeiʃən] *n.* 调查
open question 开放性问题
quantitative [ˈkwɔntitətiv] *adj.* 定量的
qualitative [ˈkwɔlitətiv] *adj.* 定性的
significant difference 显著差异
interview [ˈintəvjuː] *n.* 访谈
respondent/interviewee [riˈspɔndənt] / [intəvjuːˈiː] *n.* 被调查者
multiple choice question 多项选择题
result [riˈzʌlt] *n.* 结果
conclusion [kənˈkluːʒən] *n.* 结论

interpretation [inˌtə:priˈteiʃən] *n.* 解释，阐释
opinion [əˈpiniən] *n.* 观点
random selection 随意选取
sample [ˈsæmpl] *n.* 样品，标本，例子

3.2.3 学习经验交流

同学们在课余讨论作业、笔记、论文、课堂陈述等相关的学习交流活动也是雅思听力考试的必考高频内容。

相关词汇：

cram [kræm] *v.* 突击式学习（尤指为应考）
defense [diˈfens] *n.* 答辩
distinction [diˈstiŋkʃən] *n.* 优异
pass [pɑ:s] *v.* 及格
fail [feil] *v.* 不及格
arts [ɑ:ts] *n.* 文科
science [ˈsaiəns] *n.* 自然科学，理科
core books 核心书目
loose spiral notebook 活页本
visual aids 视觉教具（如用于教学中的图片、影片等）
motivation [ˌməutiˈveiʃən] *n.* 动机
draft [drɑ:ft] *n.* 草稿
handout [ˈhændaut] *n.* 分发的印刷品
assignment [əˈsainmənt] *n.* 作业
presentation [ˌpreznˈteiʃən] *n.* 专题发言
project [ˈprɔdʒekt] *n.* 课题
paper/thesis/dissertation [ˈpeipə] / [ˈθi:sis] / [ˌdisəˈteiʃən] *n.* 毕业论文
essay [ˈesei] *n.* 短论文
deadline [ˈdedlain] *n.* 截止时间
extension [ikˈstenʃən] *n.* 延期
participation [pɑ:ˌtisiˈpeiʃən] *n.* 课堂参与，分享，参与
tutorial [tju:ˈtɔ:riəl] *n.* 个别辅导，讨论课
office hour （教授与学生）面谈的时间
academic year 学年
final-examination 期末考核
quiz [kwiz] *n.* 小测验
oral test 口试
open-book exam 开卷考
pop test 抽考
placement test 入学分级考试
aptitude test 学能测试
discipline [ˈdisiplin] *n.* 科目
English proficiency 英语流利程度
supplementary reading material 补充阅读材料
prescribed textbook 指定课本
methodology [ˌmeθəˈdɔlədʒi] *n.* 方法学
debate [diˈbeit] *v. /n.* 辩论
seminar [ˈseminɑ:] *n.* 研讨课
lecture [ˈlektʃə] *n.* 讲座
schedule/ school timetable 课程表
course arrangement 课程安排
report [riˈpɔ:t] *n. /vt.* 报告
extracurricular [ˌekstrəkəˈrikjulə] *adj.* 课外的
study aids 学习教具
self-discipline 自我训练，自律
summary [ˈsʌməri] *n.* 小结
academic circle 学术圈
repetition [ˌrepiˈtiʃən] *n.* 重复
abbreviation [əˌbri:viˈeiʃən] *n.* 缩写
margin [ˈmɑ:dʒin] *n.* 页边的空白
review promptly 即时复习
attend lecture 参加讲座
critical thinking 从批评的角度去考虑
feedback [ˈfi:dbæk] *n.* 反馈

document ['dɔkjumənt] *n.* 文件，文档，档案
notice board / bulletin board 公告栏
whiteboard ['waitbɔːd] *n.* 白板
outline ['autlain] *n.* 大纲
chapter ['tʃæptə] *n.* 章
confidence ['kɔnfidəns] *n.* 信心
self-esteem 自尊
idle ['aidl] *v.* 虚度
necessity [ni'sesiti] *n.* 必要性，必需品

3.2.4　图书馆

图书馆场景是学校生活不可缺少的一部分，涉及还、借书手续、图书馆各个部门名称等的词汇。对学生来说，大部分作业都需要电脑来完成，因此电脑机房也是课余必去的场所。

图书馆

inquiry desk 咨询台
folder ['fəuldə] *n.* 文件夹
touch-screen information service 触摸信息屏
extension [ik'stenʃən] *n.* 续借后的延长期
renew(al) [ri'njuː(əl)] *v.* /*n.* 续借
due [djuː] *adj.* 到期的
overdue [ˌəuvə'djuː] *adj.* 过期的
expiry [ik'spaiəri] *n.* 到期
catalogue under title/author 书名目录/著者目录
fiction/non-fiction ['fikʃən] / ['nɔn'fikʃən] *n.* 小说类/非小说类
reference book 工具书
encyclopedia [inˌsaiklə'piːdiə] *n.* 百科全书
atlas ['ætləs] *n.* 地图册
almanac ['ɔːlmənæk] *n.* 年鉴
magnetically coded 磁化的，有条形码的
demagnetize [diː'mægnitaiz] *v.* 消磁
available [ə'veiləbl] *adj.* 可借阅的
in stock 有存货，图书馆有
stack [stæk] *n.* 书库，书架
open shelf 开架书
Closed Reserved 非外借图书处
out on loan 借出去了
reservation list 预约单
prospectus [prə'spektəs] *n.* 学校介绍，学生手册
leaflet ['liːflit] *n.* 散页，传单
index ['indeks] *n.* 索引
front/back cover 封面/封底
fly leaf 扉页
retrieval [ri'triːvl] *n.* 检索
audio visual resource center 视听资料室
reprint [ˌriː'print] *v.* /*n.* 再版
archives ['ɑːkaivz] *n.* 档案，案卷
volume ['vɔljuːm] *n.* 卷
bound volume 合订版
abstract ['æbstrækt] *n.* 摘要
borrow ['bɔrəu] *v.* 借用
lend/ loan [lend] / [ləun] *v.* 借给
newspaper ['njuːspeipə] *n.* 报纸
journal ['dʒəːnl] *n.* 杂志
periodical [ˌpiəri'ɔdikəl] *adj.* 期刊
category ['kætigəri] *n.* 类别
fine [fain] *n.* 罚款
check out 登记并借出
return [ri'təːn] *v.* 归还
interlibrary service 图书馆馆际服务
information desk 服务台
library card 借书证
call slip 索书单
current / back issues 即期/ 过期刊物
librarian [lai'breəriən] *n.* 图书馆员

student card 学生证
loan period 借书期
circulation desk 借书台

电脑机房

internet ['intənet] *n.* 互联网
website [websait] *n.* 站点
computer terminal 电脑终端
laser printer 激光打印机
access to 连接（网络）
attachment [ə'tætʃmənt] *n.* 附件
jam [dʒæm] *v.* 使塞满，堵塞
internet café 网吧
computer laboratory 计算机室
printer ['printə] *n.* 打印机
copier ['kɔpiə] *n.* 复印机
fax machine 传真机
Macintosh ['mækintɔʃ] *n.* 苹果计算机
hardware ['hɑːdwɛə] *n.* 硬件
software ['sɔftwɛə] *n.* 软件
network ['netwəːk] *n.* 网络
floppy disk 软盘
hard disk 硬盘
CD-ROM 光盘只读存储器
monitor ['mɔnitə] *n.* 监视器
keyboard ['kiːbɔːd] *n.* 键盘
mouse device 鼠标
modem ['məudəm] *n.* 调制解调器
setup ['setʌp] *n.* 安装
uninstall ['ʌnin'stɔːl] *v.* 卸载
operation system 操作系统
program ['prəugræm] *n.* 程序
word /data processing 文字/数据处理
user ['juːzə] *n.* 用户
click [klik] *v.* 点击
update [ʌp'deit] *v.* 更新
data base 数据库
manual ['mænjuəl] *n.* 指南
menu ['menjuː] *n.* 菜单
password ['pɑːswəːd] *n.* 口令
virus ['vaiərəs] *n.* 病毒
web page 网页
online ['ɔnˌlain] *n.* 在线
email ['iː'meil] *n.* 电子邮件
firewall ['faiəwɔːl] *n.* 防火墙
log on 登录
laptop [læptɔp] *n.* 笔记本电脑

3.2.5 讲座授课

具体授课场景在考试中常出现的是环境、动物学、考古学、科学报告、历史人物及事件等内容，这部分内容的难点在于词汇，如在考试中曾出现过Aztec考古学发展史、leprosy的药物推广、shark的生活习性、Wright Brothers发明飞机、Roosevelt总统新政、澳洲环境、英国地铁等内容，因为这样的听力内容中有过多的生词，对整个篇章的理解就会产生偏差，较难捕捉到具体的信息。考生平常可多积累一些这样的话题的背景知识，那么在考试中就能较为容易地理解内容了。

相关词汇：

动植物

mammal ['mæməl] *n.* 哺乳动物
life cycle 生命周期
smelly ['smeli] *adj.* 发臭的，有臭味的
cage [keidʒ] *n.* 笼子

hen [hen] *n.* 母鸡
goat [gəut] *n.* 山羊
kelp [kelp] *n.* 海藻，海藻灰(可提取碘的)
sea urchin 海胆
killer whale 虎鲸
breed [briːd] *v.* (使)繁殖； *n.* 品种，种类
pigeon ['pidʒin] *n.* 鸽子
squirrel ['skwirəl] *n.* 松鼠
swan [swɔn] *n.* 天鹅
ape [eip] *n.* 猿
frog [frɔg] *n.* 青蛙
crocodile ['krɔkədail] *n.* 鳄鱼
endangered species 濒危物种
rare species 稀有物种
kangaroo [ˌkæŋgə'ruː] *n.* 袋鼠
koala [kəu'ɑːlə] *n.* 考拉
lizard ['lizəd] *n.* 蜥蜴
emu ['iːmjuː] *n.* 鸸鹋
ostrich ['ɔstritʃ] *n.* 鸵鸟
penguin ['peŋgwin] *n.* 企鹅
dolphin ['dɔlfin] *n.* 海豚
whale [weil] *n.* 鲸
falcon ['fɔːlkən] *n.* 猎鹰
shark [ʃɑːk] *n.* 鲨鱼
bat [bæt] *n.* 蝙蝠
kiwi ['kiːwiː] *n.* 几维鸟
reptile ['reptail] *n.* 爬行动物
toad [təud] *n.* 蟾蜍
dinosaur ['dainəsɔː] *n.* 恐龙
horse [hɔːs] *n.* 马
rare lion 稀有狮子
elephant ['elifənt] *n.* 大象
parrot ['pærət] *n.* 鹦鹉
snake [sneik] *n.* 蛇
tiger ['taigə] *n.* 虎
marsupial [mɑː'suːpiəl] *n.* 有袋动物
pouch [pautʃ] *n.* 袋状物，育儿袋
migrant bird 候鸟
hard hoofed animal 硬蹄动物
cattle ['kætl] *n.* 牛
livestock ['laivstɔk] *n.* 牲畜
fin [fin] *n.* 鳍
tail [teil] *n.* 尾巴
scale [skeil] *n.* 鳞片
fur [fəː] *n.* 毛皮
feather ['feðə] *n.* 羽毛
palm [pɑːm] *n.* 棕榈，(象征胜利的)棕榈叶，手掌
pine [pain] *n.* 松树
bloom [bluːm] *v.* 开花
seed [siːd] *n.* 种子

环境

loss of soil 土地流失
fossil ['fɔsl] *n.* 化石
coastal ['kəustl] *adj.* 沿海的
recycle ['riː'saikl] *vt.* 再循环
waste disposal 废物处理
rubbish ['rʌbiʃ] *n.* 垃圾
contaminant [kən'tæminənt] *n.* 致污物，污染物
fertile soil 沃土
fertilizer ['fəːtiˌlaizə] *n.* 化肥
indigenous [in'didʒinəs] *adj.* 本土的
evaporate [i'væpəreit] *v.* 蒸发
irrigation [ˌiri'geiʃən] *n.* 灌溉
solar power 太阳能
nuclear power 核能
alternative energy 可替代能源
carbon dioxide 二氧化碳
aluminium [ˌælju'miniəm] *n.* 铝
population density 人口密度
pollution [pə'luːʃən] *n.* 污染
sewage ['sju(ː)idʒ] *n.* 污水排除
consumption [kən'sʌmpʃən] *n.* 消耗

greenhouse effect 温室效应
El Nino [el'ninɔː] *n.* 厄尔尼诺
ozone layer 臭氧层
forestation [ˌfɔris'teiʃən] *n.* 造林
preservation [ˌprezə(ː)'veiʃən] *n.* 保存
pollutant [pə'luːtənt] *n.* 污染物
biodegradable [ˌbaiəudi'greidəbl] *adj.* 生物降解的
environment [in'vaiərənmənt] *n.* 环境
resource [ri'sɔːs] *n.* 资源
recycling ['riː'saikliŋ] *n.* 再循环
criterion [krai'tiəriən] *n.* 标准
generation of electricity 发电
reservoir ['rezəvwɑː] *n.* 水库
boom [buːm] *n.* 繁荣
sprawl [sprɔːl] *vt.* 蔓延
wetland ['wetlænd] *n.* 潮湿的土壤，沼泽地
marsh [mɑːʃ] *n.* 湿地，沼泽
rural ['ruərəl] *adj.* 乡村的
suburb ['sʌbəːb] *n.* 市郊
outskirts ['autskəːts] *n.* 市区的外围地区
urban ['əːbən] *adj.* 市镇的
metropolis [mi'trɔpəlis] *n.* 大都市
cosmopolitan [ˌkɔzmə'pɔlitən] *adj.* 世界性的
downtown ['dauntaun] *adv.* 在市区，往市区; *adj.* 市区的
distribution [ˌdistri'bjuːʃən] *n.* 分布

考古

tribe [traib] *n.* 部落
Aztec ['æztek] *n.* 阿斯台克族
profile ['prəufail] *n.* 外形，轮廓
pottery ['pɔtəri] *n.* 陶器
storehouse/warehouse ['stɔːhaus]/['wɛəhaus] *n.* 仓库
craft [krɑːft] *n.* 手工业，手艺
fossil ['fɔsl] *n.* 化石
texture ['tekstʃə] *n.* 质地
conservation [ˌkɔnsə'veiʃən] *n.* 保存
flourish ['flʌriʃ] *v.* 繁荣，茂盛
raw materials 原材料
migration [mai'greiʃən] *n.* 移民
toe [təu] *n.* 脚趾
bacteria [bæk'tiəriə] *n.* 细菌
amber ['æmbə] *n.* 琥珀
precious stone 宝石

课题报告

ageing population 人口老龄化
settlement ['setlmənt] *n.* 殖民地
pendulum ['pendjuləm] *n.* 钟摆
innovation [ˌinə'veiʃən] *n.* 革新
commercialization [kəˌməːʃəlai'zeiʃən] *n.* 商业化
globalization [ˌgləubəlai'zeiʃən] *n.* 全球化
utilize ['juːtilaiz] *vt.* 利用
moisture ['mɔistʃə] *n.* 潮湿
season ['siːzn] *v.* 风化
timber ['timbə] *n.* 木料
treaty ['triːti] *n.* 条约
military ['militəri] *adj.* 军事的
milestone ['mailstəun] *n.* 里程碑
internal clock 生物钟
charity ['tʃæriti] *n.* 慈善
depression [di'preʃən] *n.* 抑郁
raise [reiz] *v.* 筹集
current affair 时事
small scale 小规模
mature [mə'tjuə] *adj.* 成熟的
newsletter ['njuːzˌletə] *n.* 时事通讯
catering ['keitəriŋ] *n.* 公共饮食业，给养
fibre ['faibə] *n.* 纤维
even ['iːvən] *adj.* 持平的

even ['iːvən] *n.* 偶数
odd [ɔd] *n.* 奇数
container [kən'teinə] *n.* 容器
advertisement [əd'vəːtismənt] *n.* 广告
carton ['kɑːtən] *n.* 硬纸盒，纸板箱
domestic [də'mestik] *adj.* 国内的
parcel ['pɑːsl] *n.* 包裹
slang [slæŋ] *n.* 俚语
expected [iks'pektid] *adj.* 预期的
duration [dju'reiʃən] *n.* 持续时间
detail ['diːteil] *n.* 细节
approval [ə'pruːvəl] *n.* 正式批准
subcommittee ['sʌbkəˌmiti] *n.* （由大委员会的委员组成的）小组委员会
strike [straik] *n.* *v.* 罢工
flexibility [ˌfleksə'biliti] *n.* 弹性，适应性，机动性
tile [tail] *n.* 瓦片
velvet ['velvit] *n.* 天鹅绒
reinforce [ˌriːin'fɔːs] *v.* 加强
donation [dəu'neiʃən] *n.* 捐赠品，捐款，贡献
serial number 序列号
occupant ['ɔkjupənt] *n.* 居住者
public awareness 公众意识
robot ['rəubɔt] *n.* 机器人
crisis ['kraisis] *n.* 关键时刻
tunnel ['tʌnl] *n.* 隧道
capital ['kæpitəl] *n.* 首都, 大写字母，资本；*adj.* 首都的，重要的，死罪的，大写的
abuse [ə'bjuːs] *n.* 滥用，虐待
mass media 大众传播媒介
filter ['filtə] *v.* 过滤
maximum ['mæksiməm] *n.* 最大量
minimum ['miniməm] *n.* 最小量
juvenile ['dʒuːvənail] *n.* 青少年
vote [vəut] *v.* 投票
monopoly [mə'nɔpəli] *n.* 垄断,专利权
syndicate ['sindikət] *n.* 企业联合, 辛迪加
telescope ['teliskəup] *n.* 望远镜
galaxy ['gæləksi] *n.* 星系，银河
terrestrial [ti'restriəl] *adj.* 陆生的

第五章

双向听力法——雅思实践

IELTS

CHAPTER FIVE

LISTENING TEST 1

SECTION 1 *Questions 1-10*

Questions 1-6

*Circle the appropriate letter **A-C**.*

Example

The caller can book a car by pressing button number

A One.

B Two.

C Three.

1 The caller wants to

A make changes to his car reservation.

B complain about a car.

C make a car reservation.

2 The booking reference is

A ASFY15AG.

B ACFY15AG.

C ACFY50AG.

3 Mr Maxine originally booked the car for

A Monday at 6 p.m.

B Friday of next week.

C this Friday.

4 Mr Maxine wants to change his booking to

A a larger manual car.

B five days.

C a smaller automatic.

5 Mr Maxine will have to pay an extra

A £165.

B £65.

C £15.

6 Mr Maxine rented a car

A five months ago.

B not long ago.

C several years ago.

Questions 7-10

Complete the sentences below.

Use ***NO MORE THAN THREE WORDS AND/OR A NUMBER*** *for each answer.*

7 The cost of the car hire changes ....

8 The manual estate is cheaper to hire than ....

9 Mr Maxine's credit card number is 3445 .... 7750.

10 Mr Maxine's address is .... Vale.

SECTION 2 ***Questions 11-20***

Questions 11-15

Complete the summary below.

Write ***NO MORE THAN THREE WORDS OR A NUMBER*** *for each answer.*

Dangers at the beach in Sydney

Shark attacks are not very common, about **11** .... take place each year, anal box jellyfish are only a problem further **12** .... Another danger at the beach is **13** ...., and you should slip on a shirt, slap on a **14** .... and slop on some sun cream. Far less **15** .... are rip currents which you are more likely to die from than anything else.

Questions 16-20

Complete the sentences below.
*Write **NO MORE THAN THREE WORDS** for each answer.*

16 Don't swim ....
17 Try to relax and swim ....
18 If you cannot do that, wait until the pull of the rip .... and try again.
19 To be safe in the ocean, don't ....
20 Only swim in places where you can see ....

SECTION 3　*Questions 21-30*

Questions 21-23

*Choose the correct letter, **A, B** or **C**.*

21 What does Frank have to do next?
- **A** get the results of the survey back
- **B** collect more information
- **C** make some conclusions

22 What is Theresa's market research project on?

A violence on television

B transportation in the city

C the history of transportation

23 What did the results of Frank's survey show?

A everyone thinks there is too much violence on TV

B most people think there is too much violence on TV

C there is no real agreement on the amount of violence

Questions 24-26

Complete the summary below.

Write ***NO MORE THAN TWO WORDS*** *for each answer.*

Summary

Children might see the heroes of violent films as **24** .... So most people think that violent programs should only be shown after 10.00 p.m. However, there is a **25** .... who feel that violent films should be banned. Although news broadcasts are violent, people felt they shouldn't be banned as they are **26** ....

Questions 27-30

Answer the questions below.

Write ***NO MORE THAN TWO WORDS OR A NUMBER*** *for each answer.*

27 How many questionnaires did Frank get back?

....

28 Theresa says Frank's survey doesn't represent

....

29 Where is Theresa going to interview her respondents?

....

30 The best type of questions are

....

SECTION 4 *Questions 31-40*

Questions 31-36

What is Dr Pendleton's opinion of the following developments?

*Choose your answers from the box and write the correct letter **A-C** next to questions 31-36.*

A if he thinks they have been generally beneficial for workers.
B if he thinks they have been generally harmful for workers.
C if he has no strong opinion either way.

31 goal-oriented careers
32 flatter management structures
33 contracting out specialist activities
34 Internet recruitment
35 mobile phones and beepers
36 continual re-education

Questions 37-40

Complete the summary below.
*Write **NO MORE THAN THREE WORDS** for each answer.*

Generally in industry the **37** .... of products is becoming shorter — so companies require **38** .... from the workforce. This means that there are fewer **39** .... jobs. Another major change is that new technologies have enabled people to **40** ....

LISTENING TEST 2

SECTION 1

Questions 1-10

Complete the form below.
Write ***NO MORE THAN TWO WORDS OR NUMBERS*** *for each answer.*

STARLIGHT VIDEO SHOP

Membership Application

Title: Mr Mrs Miss Ms
Name **1** ....
Address: **2** .... Apartment **3** .... Houston, **4** 77042
Contact telephone numbers:
5 .... (Home)
6 .... (Work)
Date of birth: **7** ....
I.D. documents: type: **8** ....
number: **9** ....
Password: **10** ....

Date of application: September 9, 1998
Authorised by: Judy Foster

Starlight Video — all you need in entertainment

SECTION 2 *Questions 11-20*

Complete the notes below.

Write ***NO MORE THAN TWO WORDS AND/OR A NUMBER*** *for each answer.*

Date the museum was opened	**11** ....
The museum consists of a building and	**12** ....
Handicapped toilet door shows	**13** ....
The Education Centre is signposted by	**14** ....
If you lose your friends, meet at the	**15** ....
How often are the tours of *The Vampire?*	**16** ....
Person featured in today's video	**17** ....
The Picture Gallery contains pictures by	**18** ....
Cost of family membership of the museum	**19** ....
"Passengers and the Sea" includes a collection of	**20** ....

SECTION 3 *Questions 21-30*

Questions 21-27

Who gave these explanations for rises in intelligence?

Choose your answers from the box and write the letter ***A-C*** *next to questions 21-27.*

A if it was James Flynn.
B if it was John Rust.
C if it was Robert Howard.

21	television and computers	....
22	better nutrition	....
23	smaller families	....
24	car-driving	....
25	more complex societies	....
26	wider access to education	....
27	more sophisticated concepts	....

Questions 28-30

*Choose the correct letter, **A**, **B** or **C**.*

28 Which graph best illustrates changes in intelligence in Western industrialised countries over the last 40 years?

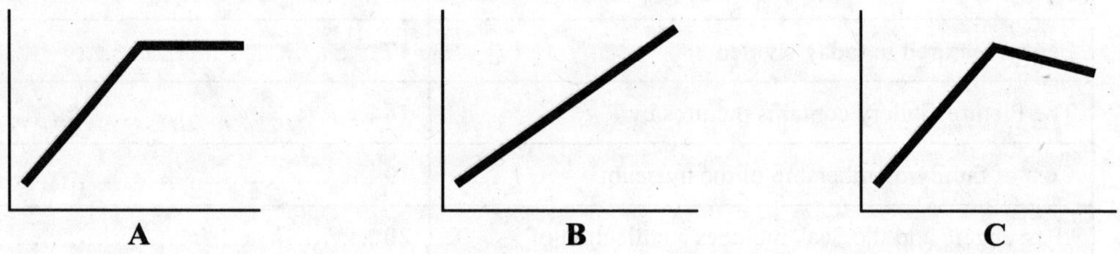

29 Which graph best illustrates changes in intelligence in some East Asian countries over the last 40 years?

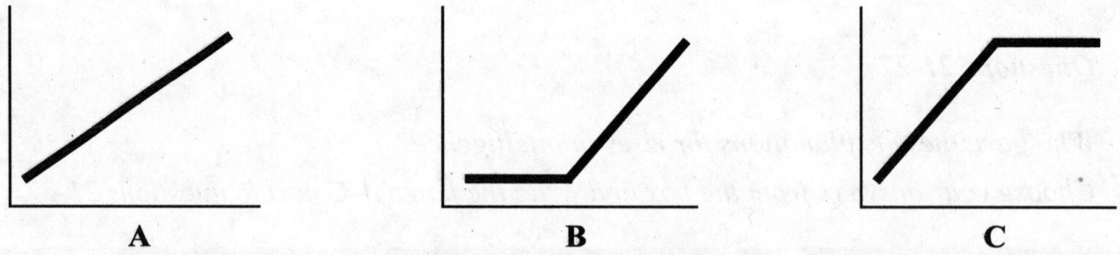

30 What explanation is given for improvements in British exam results?

A better teaching

B higher intelligence

C lower standards

SECTION 4 *Questions 31-40*

Complete the notes below.

Write ***NO MORE THAN THREE WORDS*** *for each answer.*

What Makes a Good Language Learner

I. Motivations

31 ………………… motivation: to learn a foreign language for passing an examination

32 ………………… motivation: to learn a foreign language for practical purposes

(e.g. **33** ………………… or marrying a speaker of another language)

II. Personality: to be **34** …………………

III. Learning skills

having a good ear

efficient **35** …………………

being able to **36** ………………… your own speech

suitable **37**………………… of learning generally

IV. Independence

not depending on **38** ………………… learning

making use of **39** ………………… a day for learning

accepting **40** ………………… for learning

LISTENING TEST 3

SECTION 1 *Questions 1-10*

Questions 1 and 2

Choose the correct letter, ***A, B*** *or* ***C.***

1 Where does the man study?

A Aston University

B William's University

C Birmingham University

2 What kind of property does the man want?

A a three bedroom flat

B a two bedroom property

C a one bedroom house with a garden

Questions 3-6

Complete the table below.

Write ***NO MORE THAN TWO WORDS OR A NUMBER*** *for each answer.*

	Flat 1	Flat 2
Location	Edgbaston	**3** ....
Floor	ground floor	**4** ....
Furnished	**5**	fully furnished
Price	£480 pcm	**6** .... pcm

Question 7

*Choose the correct letter, **A**, **B** or **C**.*

7 Which of the following are included in the rent?

A gas

B water rates

C electricity

Questions 8-10

Complete the notes below.

*Write **NO MORE THAN TWO WORDS AND/OR A NUMBER** for each answer.*

Property address: **8** ....

Name of client: John Taylor

Contact phone number: **9** 0791 ....

Meet at: **10** ....p.m.

SECTION 2 *Questions 11-20*

Questions 11-14

Complete the sentences below.

*Write **ONE WORD OR A NUMBER** for each answer.*

11 The country is only .... square km in size.
12 Estonia is about .... the size of Scotland.
13 The percentage of native Estonians is ....
14 Tallinn is the .... city of Esonia.

Questions 15-20

Complete the summary of part two of the television programme by writing **NO MORE THAN TWO WORDS** *for each answer.*

Estonia is a small, flat country in Europe dotted with numerous islands and **15** .... The manufacture of agricultural machinery and **16** .... are the major industries, with **17** .... and vegetables the main **18** .... The nation is now an independent democratic **19** .... The Kroon is the unit of currency; the official language is Estonian. The weather in Estonia in summer is **20** ....

SECTION 3 ***Questions 21-30***

Questions 21-24

Choose the correct letter, ***A, B*** *or* ***C****.*

21 Astrid says she is
- **A** unhappy with Dr Adams.
- **B** happy with Dr Adams.
- **C** in the same tutorial group as Boris.

22 In the last lecture, Astrid took

A fewer notes than she thought she had.

B more notes than she thought she had.

C too many notes.

23 Henry wants to copy Astrid's notes because

A Astrid's are neater than his.

B he missed the lecture.

C he was listening rather than writing.

24 Astrid says Henry cannot copy her notes because

A her handwriting is difficult to read.

B they are too long.

C he should have taken his own notes.

Questions 25-27

Complete the sentences below.

*Write **NO MORE THAN FOUR WORDS** for each answer.*

25 What is Astrid good at?

……………………………………………………………………………

26 What was Adams' book about?

……………………………………………………………………………

27 What do some intelligent people find it difficult to do?

……………………………………………………………………………

Questions 28-30

Complete the notes below.

*Write **NO MORE THAN TWO WORDS** for each answer.*

Henry
- useless at reading **28** ....
- brilliant at **29** .... and putting ideas down in the **30** ....

SECTION 4 *Questions 31-40*

Questions 31-34

What's the role of each person?
*Choose your answers from the box and write the letter **A-F** next to questions 31-34.*

ROLES
A Paid fishermen for unidentified finds.
B Caught a strange looking fish.
C Contacted scientists in Indonesia.
D Photographed a coelacanth seen by accident.
E First recognised the coelacanth for what it was.
F Bought a specimen of a coelacanth in a market.

Dr. J.L.B. Smith **31** ....
Marjorie Courtney-Latimer **32** ....
Dr. Mark Erdmann **33** ....
Captain Goosen **34** ....

Questions 35-40

Choose the correct letter, ***A, B*** *or* ***C****.*

35 The coelacanth was

A well known to Indonesian fishermen.

B unknown to Indonesian fishermen.

C a first in the market.

36 The only difference between the Comoros coelacanth and the Sulawesi coelacanth is

A their intercranial joint.

B their paired fins.

C their colour.

37 Coelacanths seemed to have their greatest population

A 360 million years ago.

B 240 million years ago.

C 80 million years ago.

38 Modern coelacanths probably left no fossilised remains over the past 80 million years because

A of too much clay sediment.

B conditions where they lived were not favourable for fossilisation.

C volcanoes are needed for fossilisation.

39 Scientists had a better understanding of the coelacanth after 1991 because

A the French government had previously limited study on the Comoros coelacanth.

B the Comoros were far away and difficult to reach.

C the Comoros opened an airport.

40 On the 1991 expedition, scientist studied the coelacanth

A only from fishermen's specimens.

B through the windows of their submarine.

C from diving down.

LISTENING TEST 4

SECTION 1

Questions 1-10

Questions 1-7

Complete the form below.

Write ***NO MORE THAN TWO WORDS AND/OR A NUMBER*** *for each answer.*

BELLINGHAM REAL-ESTATE AGENTS

Property to rent

Type of property: **1** …………………

Architectural type: ***Example*** 2-storey

Address: 3281 **2** …………………

Richmond, British Columbia.

Monthly rent: $700 **3** …………………

Plus **4** $ ………………… for cleaning.

View of: **5** …………………

Seller information

Name: **6** …………………

Address: as above

Telephone: 60474106

Cell phone: **7** …………………

Questions 8-10

*Choose **TWO** letters **A-E**.*

8 Which of the following does the kitchen contain?

A dishwasher
B washing machine
C dryer
D gas stove
E microwave

9 Which of the following does the house have?

A a swimming pool
B air conditioning
C central heating
D a games room
E a fireplace

10 Which amenities are nearby?

A the university
B a shopping mall
C a park
D a sports center
E a movie theatre

SECTION 2 ***Questions 11-20***

Questions 11-14

*Circle **FOUR** letters **A-F**.*

The Mystery Personality

A is a French speaker.
B plays for a well-known club.
C has got a famous wife.
D is very rich.
E has played for his national team.
F is a famous footballer.

Questions 15-19

Complete the notes below.

Write ***NO MORE THAN TWO WORDS OR A NUMBER*** *for each answer.*

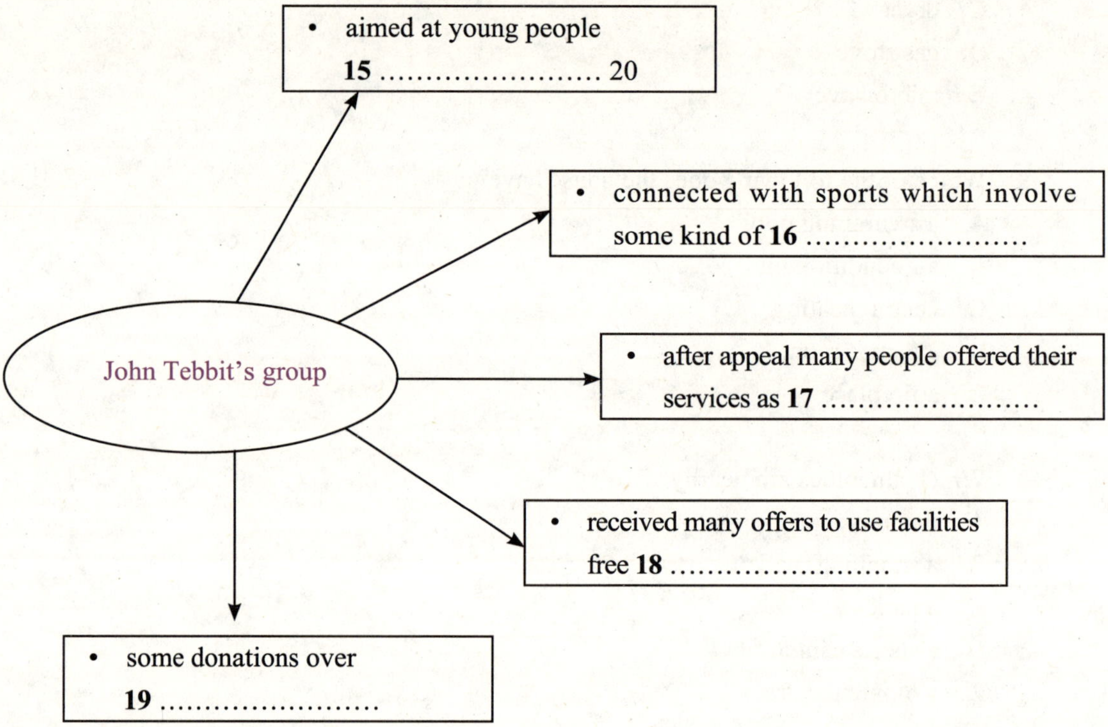

Question 20

Choose the correct letter, ***A, B*** *or* ***C***.

20 Patrick

A used to excel in archery.

B has been sponsored by one manufacturer.

C is not able to walk, but is very good at archery.

SECTION 3 *Questions 21-30*

Questions 21-25

Answer the questions below.

Write ***NO MORE THAN TWO WORDS OR A NUMBER*** *for each answer.*

21 How many essays do the students have to write?

………………………………………………………………………

22 What percentage does the written exam account for?

………………………………………………………………………

23 How many marks did Carl get for his latest essay?

………………………………………………………………………

24 How many marks did Pamela get for her latest essay?

………………………………………………………………………

25 What was explained in the first tutorial?

………………………………………………………………………

Questions 26-30

Complete the table below.

Write ***NO MORE THAN TWO WORDS*** *for each answer.*

	Carl	Pamela
Research	Very good, lots of **26** ……………………	Very good
Sources	Very sound	Very good
Organization	Very good	**29** ……………………
Writing style	**27** ……………………	Slightly too informal in some places
Previous essay	Disappointing, but rewrite is **28** ……………………	**30** ……………………

SECTION 4 *Questions 31-40*

Questions 31-35

Complete the notes below.
Write **NO MORE THAN THREE WORDS OR A NUMBER** *for each answer.*

Quality Control

Finished product inspection

The main disadvantage of finished product inspection is that it cannot make **31** ………………

Quality control as a continuous process

Manufacturers usually consider quality control to be an ongoing process.

The advantages are: **32** ……………………

33 ……………………

It is easier to detect faults on components.

Raw material inspection

There is no point in processing defective raw materials.

Eighty-seven per cent of large firms and **34** ……………………

of small firms have a standard raw material inspection procedure.

It is also useful to inspect incoming components.

What are we testing for?

Although the testing for an expensive car and a child's toy is very different in both cases, the main priority is **35** ……………………

Function testing answers the question: Does the product do what it's supposed to?

Formal defects investigation

Usually used by high-tech industries.

Environmental impact report

Testing must assess the impact of both the product itself and **36** ……………………

Questions 37-39

Choose the correct letter, ***A, B*** *or* ***C****.*

37 ………… of companies have adopted standards in line with the Standards Association of Australia.

A 87% **B** 80% **C** 65%

38 .... of companies have quality control regulations which apply international standards.

A 22% **B** 23% **C** 65%

39 Which of the following pie charts best represents the level of the people responsible for quality control?

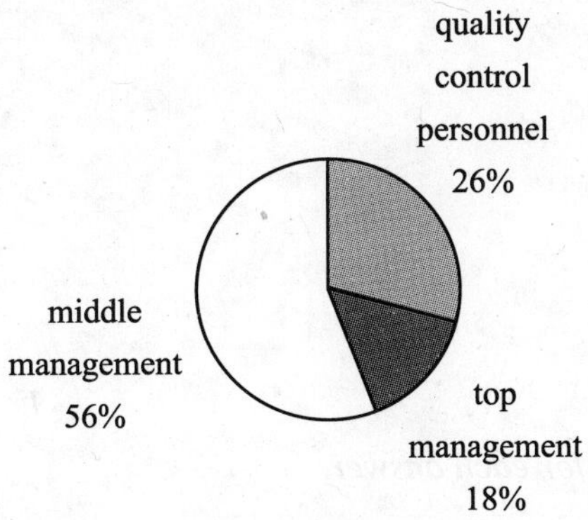

A

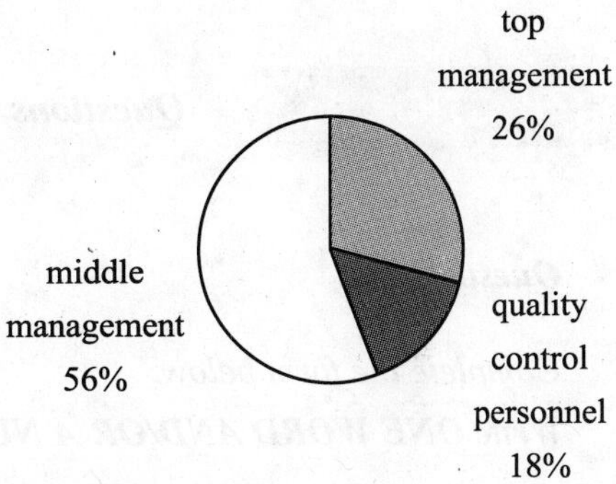

B

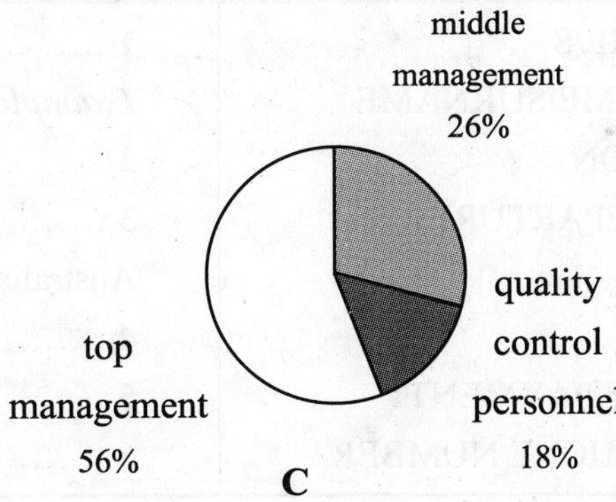

C

Question 40

*Choose **TWO** letters **A-E**.*

What are the effects of releasing low quality products?

A danger of lawsuits

B loss of customer goodwill

C wasted production time

D compensation costs

E bankruptcy

LISTENING TEST 5

SECTION 1 *Questions 1-10*

Questions 1-6

Complete the form below.
Write ***ONE WORD AND/OR A NUMBER*** *for each answer.*

STUDENT TRAVEL ASSOCIATION FLIGIIT BOOKING REQUEST

GIVEN NAME/S	**1** …………………………………
FAMILY NAME/SURNAME	***Example*** **Rusdi**
DESTINATION	**2** …………………………………
DATE OF DEPARTURE	**3** …………………………………
AIRLINE	Australian
CLASS	**4** …………………………………
METHOD OF PAYMENT	**5** …………………………………
CONTACT PHONE NUMBER	**6** …………………………………

Questions 7 - 10

Answer the questions.
Write ***NO MORE THAN TWO WORDS OR NUMBERS*** *for each answer.*

7 Where is the caravan park? ………………………
8 How long will the student be away? ………………………
9 Why do many tourists go to this place? ………………………
10 Why is it not advisable to go swimming in summer? ………………………

SECTION 2 *Questions 11-20*

Complete the sentences below.
Write ***NO MORE THAN TWO WORDS AND/OR A NUMBER*** *for each answer.*

11 Perth is located on the .... of the Swan River.
12 The central business district of Perth was built on reclaimed ....
13 Perth was originally a .... Colony.
14 Gold was discovered in Western Australia in ....
15 The city has a population of around ....
16 .... are a more easily accessible form of transport.
17 .... has an excellent view of the city.
18 .... are a feature of the Swan valley.
19 .... are a pleasant and comfortable way to see the river and valley.
20 The ferry ride to Rottnest takes ....

SECTION 3 *Questions 21-30*

Questions 21-24

Answer the questions.
Write ***NO MORE THAN THREE WORDS*** *for each answer.*

21 What subject is Andrew studying?
....

22 Name the crop that Andrew mentions.
....

23 Which disadvantage of using chemicals does Andrew mention?
....

24 Why might insects be beneficial to the farmer?
....

Questions 25-27

*Choose **THREE** letters **A-F**.*

Insects which are beneficial to crop plants are:

A butterflies

B snails

C beetles

D wasps

E caterpillars

F slugs

Questions 28-30

Complete the summary.

*Write **ONE WORD ONLY** for each answer.*

A ring of insecticide is **28** .... around the tree trunk, and then the tree is sprayed with a chemical called pyrethrum, made from **29** .... The insects drop from the tree, and only the ones with **30** .... are able to return safely.

SECTION 4 *Questions 31-40*

Questions 31-34

Complete the table below.
Write ***NO MORE THAN TWO WORDS AND/OR A NUMBER*** *for each answer.*

City	Building(s)	Special feature	Number of visitors per year
Bilbao	Guggenheim	modern art collection	**31** ....
Paris	Louvre	**32**	5 million
Valencia	City of Arts and Sciences	**33**	4 million in the first year
Alexandria	**34**	—	—

Questions 35-37

Complete the notes below.
Write ***NO MORE THAN THREE WORDS*** *for each answer.*

Four benefits to the city of Valencia from building the City of Arts and Sciences are that it has:

- boosted tourism
- regenerated **35** .... of the city
- improved the city's **36** ....
- attracted **37** ....

Questions 38-40

Complete the plan below.

Write ***NO MORE THAN TWO WORDS*** *for each answer.*

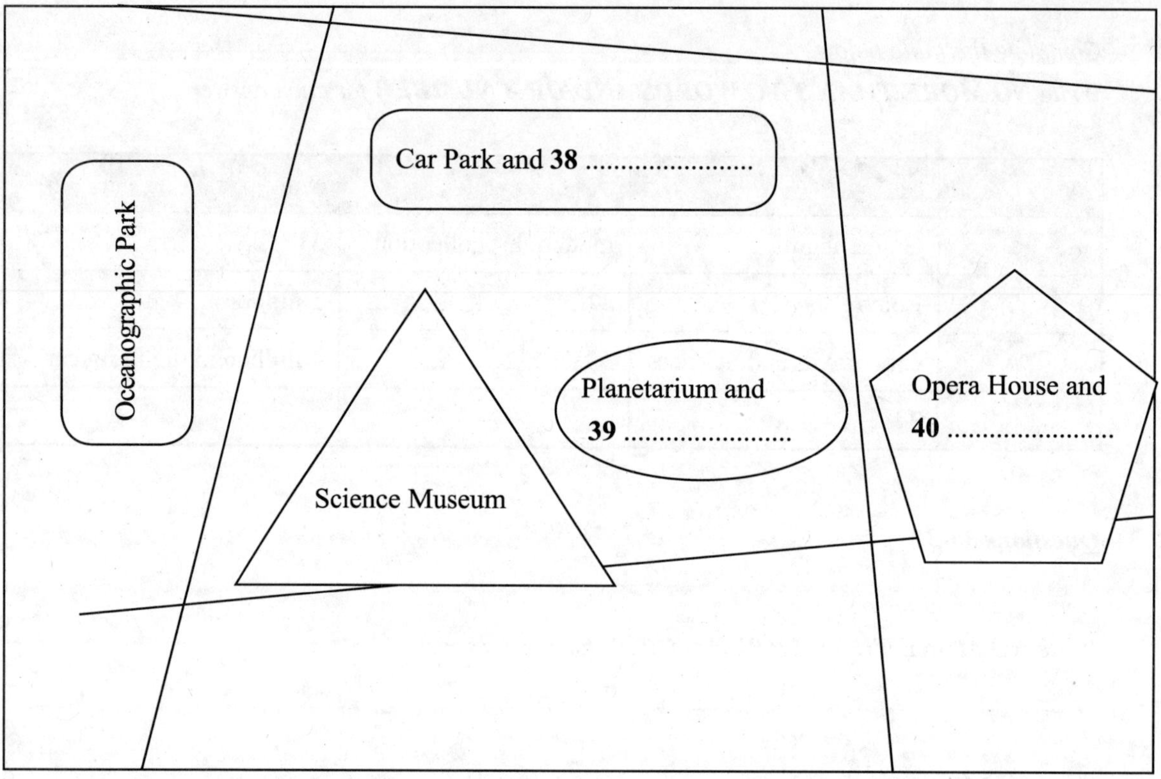

LISTENING TEST 6

SECTION 1 *Questions 1-10*

Questions 1-6

Complete the form below.
Write ***NO MORE THAN THREE WORDS OR A NUMBERS*** *for each answer.*

STUDENT HEALTH CENTRE MEDICAL RECORD

Example ***Answer***

Patient's name: **Martin Hansen**

Faculty of **1** ....
Address: 13 **2** .... Street.
Telephone: **3** ....
Date of Birth: 15th June, 1986.

Serious illnesses / accidents: **4** ....
Operations: **5** ....
Allergies: **6** ....

Questions 7-9

Choose the correct letter, ***A, B*** *or* ***C****.*

7 Why is Martin visiting the doctor?

A He suffers from headaches.

B He suffers from nausea.

C He has an infection.

8 How many hours does Martin usually sleep each night?

A less than eight

B between eight and nine

C more than nine

9 Which of these describes Martin's problem?

A It's continuous and constant.

B It's worse during the daytime.

C It's worse in the evening and at night.

Question 10

Choose ***TWO*** *letters* ***A-E****.*

Which of these things does the doctor suggest Martin should do?

A change his diet

B have his eyes tested

C sleep more

D take more exercise

E take some medicine

SECTION 2　　*Questions 11-20*

Label the plan below.
Write the appropriate letters ***A-J*** *on the diagram.*

A	Information Desk	**F**	Circulation Desk
B	Catalogues	**G**	Newspapers
C	Reference Section	**H**	Returns area
D	Current magazines	**I**	Restrooms
E	Photocopying Room	**J**	Conference Room

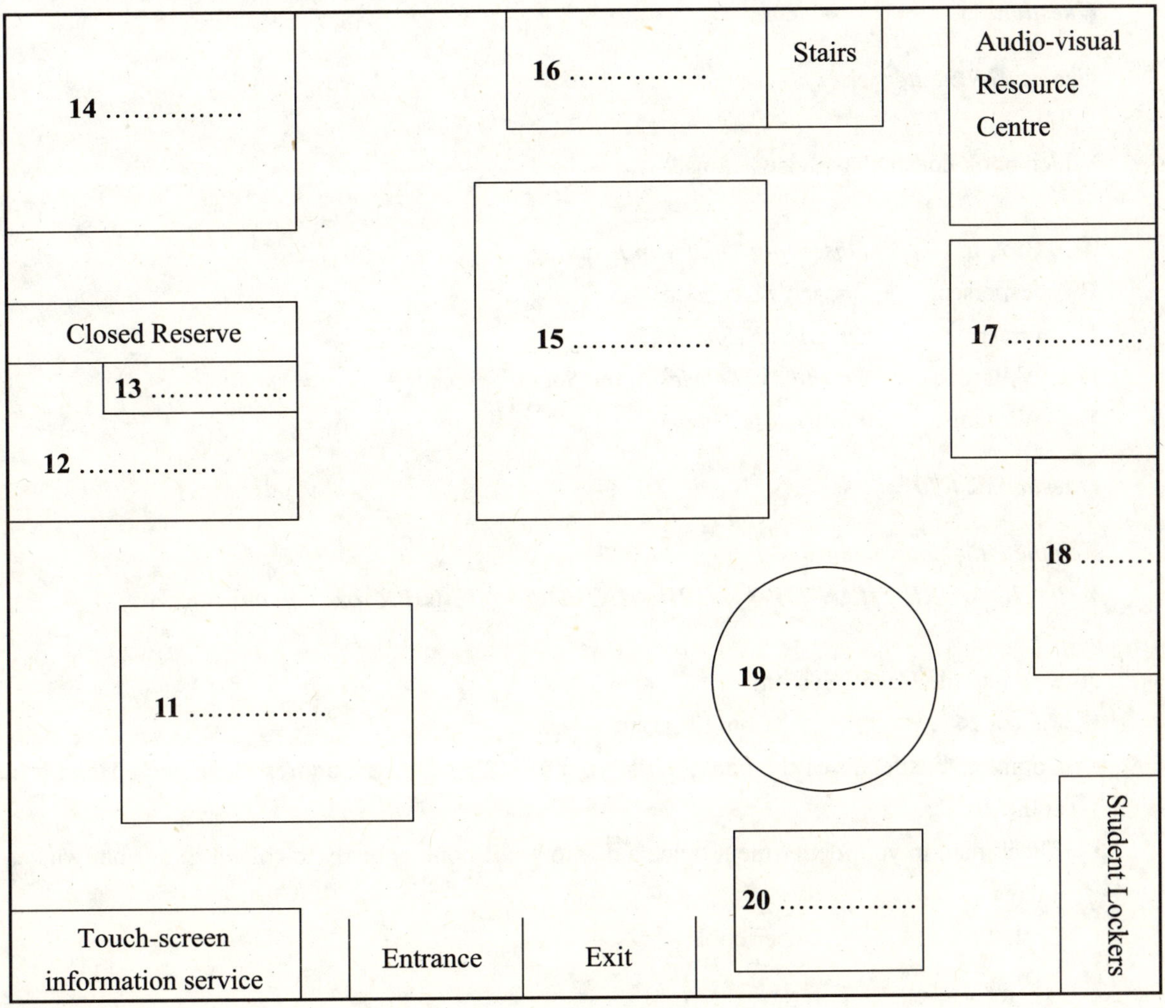

SECTION 3 *Questions 21-30*

Questions 21 and 22

Complete the sentences below.
Write ***ONE MORE OR A NUMBER*** *for each answer.*

21 Last year, Dina got a grade .... for the Theory and Practice option.
22 Dina has some free time because her .... has been cancelled.

Question 23

Choose ***ONE*** *letters* ***A-E.***

Which book does Dina advise against?

A Brown: *Observing Theory in Practice*
B Jespersen: *Theory's Crucible*
C Piresi: *On Giants' Shoulders*
D Willard: *Practical Theories in the Social Sciences*
E Williams: *Knowledge Theory*

Questions 24-30

Complete the notes below.
Write ***NO MORE THAN TWO WORDS AND/OR A NUMBER*** *for each answer.*

How to use the Recall System

- Take a **24** .... from librarian's desk.
- Complete the details of the book. Write your **25** .... addresses on back. Hand it in at the **26** ....
- Check mail in your department twice a day to see if book is ready to collect. It normally takes 3 days.
- Cost: **27** .... per book.

Dina's advice on organising a study group to work on an assignment

- Find two or three people on the course who live near you.
- Divide up the reading load.
- Take it in turns to **28** .... what you have read for the others.
- Explain your **29** .... to each other.
- Write first draft of essay.
- Exchange drafts and **30** ....
- Write final version of essay.

SECTION 4 *Questions 31-40*

Questions 31-35

Complete the sentences below.

Write ***NO MORE THAN THREE WORDS*** *for each answer.*

31 Two kinds of ownership are mentioned: a sole proprietorship and a ....

32 A corporation has the same legal rights as a ....

33 A board can be as small as ....

34 Shareholders meet .... to vote for the people on the board.

35 The board is like the human brain because they ....

Questions 36-39

Complete the chart below.
Write ***ONE WORD ONLY*** *for each answer.*

How a corporation works

A business idea be generated

↓

36 ……………… is needed

↓

A corporation is formed

↓

37 ……………… are sold to raise revenue

↓

Money is invested in equipment and **38** ………………

↓

Company makes **39** ………………

↓

Dividend paid to shareholders

Question 40

Choose the correct letter ***A-D****.*

Another advantage of a corporation is that

A you can't go out of business.

B you can't lose everything you own.

C you can get sued.

D you and the restaurant are legally the same.

TAPESCRIPT

TASK 1

1. We asked the Andersons to call on us, but they were too busy.
2. It's necessary for them to learn English.
3. Mr. Brown is a good driver and his wife is just like him.
4. Mary and Jane are in the same class, but Mary isn't as old as Jane.
5. How did you learn to play the violin?
6. She dug up a lot of information for her geology report.
7. Louise and Neil just went over to the snack bar.
8. The bookstore's out of lined notebook paper.
9. Carol tried out for the university band.
10. Little children occasionally like to make fun of others.

TASK 2

1. She went to see the movie yesterday.
2. The teacher asked us to call on her, but we were too busy.
3. Sam is a fast worker and Jim is just like him.
4. Bob is going to write to me and Fred is too.
5. The teacher expected us not to pass the test.
6. We had ideal weather during our vacation, not too hot and not too cold.
7. Let's at least talk about it.
8. He vacuumed the rug and polished the furniture.
9. If I had an hour more, I would have been able to rewrite my conclusion.
10. Ellen seems quite cold until you get to know her.

TASK 3

1. You'd better wear your gloves today.
2. No one could've been more helpful to me than Ann was.
3. He's looking for an ash-tray.
4. I'd finished a whole day's work, but it's only noon.
5. Carol must not be on this flight because I don't see her.
6. If you've come on time, you could have met my father.

7. We've been staying here since the week before last.
8. I write my teacher an occasional letter.
9. Bill's always getting into arguments with people, especially about politics.
10. I should've read the instructions more carefully.

TASK 4

1. You work in a studio, don't you?
2. May I introduce Mrs. Parson?
3. I took the records out and put them on my shelf.
4. I'll write you a prescription.
5. Picasso was admitted to the Royal Academy of Art at the age of 15.
6. This time he became furious.
7. It dropped onto the ground and rolled under the couch.
8. Professor Martin is going to collect the papers after the exams.
9. Mr. O'Brien is from Ireland.
10. You've got the clue.

TASK 5

We're going to look at the effects of global warming on a particular country to get this thing into context and I want to look at Australia, a country with 12,000 kilometres of coastline. There's a whole series of problems. What I mean by that is that in a country like this there are floods, droughts, cyclones, bushfires, landslides, earthquakes, soil degradation. You name it, we've got it.

OK. Now on your handouts there is a list of reading material which you should have a look at in preparation for your tutorials next week. I'd particularly recommend the Greenhouse Effect by Henderson-Sellers and Blong — they're very good on the Australian situation. For general background, Lovelock is good and the book edited by Pearman offers a nice review of greenhouse issues in Australia. I've put them in Special Reserve so you shouldn't have any trouble finding them.

OK, so I'm going to start today by looking at one of the most serious effects of a change in the global temperature—that is, a rise in sea-level and as I said I'm going to concentrate today on the effects this would have on the Australian context. If we assume that there'll be a metre or so rise in sea-level over say the next fifty years—but unfortunately the situation's not so clear because we've got to take into consideration a variety of scenarios such as increased precipitation at the poles which might actually cause a fall in sea-level. Anyway, taking this figure of a metre rise over, say, the next fifty or so years, what are we going to see? Well, we'll see an effect on flooding of structures on the coast—you know, houses, sea walls, ports and the whole infrastructure of road, rail, power lines and cables and so on.

Secondly, we're going to be seeing shoreline retreat in some low-lying areas. The sea will move inland in areas such as the Gulf of Carpenteria. To put it another way, in low-lying urban areas your nice beachfront apartment may just end up floating away and your parking lot two hundred metres from the beach will end up as prime waterfront estate. Most Australian cities are on the coast and in the case of Brisbane in particular—well, take a look at this overhead. That's roughly the area indicated by the blue line that's going to be affected with a one metre rise in sea-level. So if you're thinking of investing in real estate in this area, take my advice—don't! Again, though, it's difficult to predict the situation. Local conditions in some areas may actually increase the deposit of materials effecting an extension of the land. But whichever way you look at it there'll be a fairly radical change to many eco-systems and if you recall last week's lecture on change —well, we're really opening a can of worms here.

Apart from coastal flooding we should expect the penetration of salt water systems into estuaries, rivers and lagoons. If you think about the Myall Lakes system for example—well, the whole freshwater complex could be reunited with the sea. One of the most serious direct consequences of this for man of course would be seepage into the groundwater — in other words, the sea's salt water would enter the water table under the land. This would cause salinity in sources of drinking water and irrigation.

Thirdly we should expect to see a rise in temporary flooding of coastal areas. I'm not talking about flooding as a result of increased rainfall, although that's another consideration I'll come to later. For now, I'm talking about flooding as a result of higher tides. Think about it, the swamping of the stormwater drainage system. What's that going to do to the street you're living in?

So, in summary as we've seen you've got coastal flooding, destruction of coastal structures, shoreline shifts and saltwater intrusion. I'll come back to some of these later but for now lets move on and look at tropical cyclones. Everyone remembers Tracy. Or maybe you don't because that is going back to 1974. I'm getting a bit old.

TASK 6

The ancient game of Go was invented in China about 4,000 years ago, and it, has spread to become the most popular board game in Asia. It is also gaining in popularity throughout the rest of the world. It has been played in Japan since 740 AD, in Europe since the late 19th century, and in Britain since 1930.

The English word Go is borrowed from the Japanese—Go—but it is known by other names in other countries. For example, in Korea it is known as baduk—which is spelled b-a-d-u-k, and in China it is known as wei chi, spelled w-e-i-c-h-i.

The game is played on a board with 19 by 19 intersecting lines, which of course form squares. But unlike chess or checkers, where you place the pieces on the squares, in Go you place stones on the intersections—the points where the lines cross each other. One player has black stones and the other has white stones, and they take turns to place the stones on the board. The aim of the game is to capture territory by placing your stones around your opponent's stones. Once you have completely surrounded the stone, you capture the stone, and remove it from the board. The winner is the player that has captured the most territory at the end of the game.

The game is interesting because it is intellectually very challenging. The rules are very, very simple, but the strategies to win the game are very complex. In chess, computer programmers have been able to program computers to beat world champions, but so far attempts to program computers for Go have been unsuccessful.

The most important Go-playing countries are Japan, Korea and China, which all have professional players, and where it is estimated that there are more than 50 million players in total. Major tournaments in these countries attract sponsorship from large companies and they are very big sporting events. More recently, young people have turned away from Go, as they have from other traditional elements of Asian culture. In spite of this, there are still about 10 million Go players in Japan, for example, of whom about five hundred are professional.

TASK 7

OK, so let's look now at the—as a case study—at the Blue Whale, which has of course been very important, almost like an icon in the struggle to save whales in general.

First of all, some of the basic facts about them. Probably the most amazing thing about them is their size: the blue whale is the largest animal that has ever lived on earth, about 25 times bigger than an adult elephant, and twice as big as the largest dinosaurs were. An adult whale can weigh up to 136,400 kg — to put that on a familiar scale, that's the same as about 12 fully-laden buses! And they can grow to 33.6 cm in long — and in more familiar terms, that's about the same as seven stories in an office building. Now how does something that big find enough to eat? Actually, it's kind of ironic that the biggest creature in the ocean feeds almost exclusively on one of the smallest: a small crustacean about 1.5 cm long called krill. During the summer, when the blue whale does nothing but eat non-stop, they consume about 40 million krill each day about 3,600 kg in weight. But then during the rest of the year, about 8 months, they don't seem to eat anything; they live off their stored fat.

As for their location or habitat, blue whales are found in all the oceans of the world, although they usually stay in the colder zones, rather than the tropics, and prefer deeper water as opposed to areas closer to the coast. They can dive down as far as 500 m, although they don't often go deeper than about 200 m, and they can stay under for up to 20 minutes. Blue whales are quite solitary animals — they usually travel alone or in groups of two or three. They do sometimes come together in larger groups, up to 60 whales together, to take advantage of areas where there is a lot to eat. Over the course of a year, they migrate into cooler waters around the north and south poles, in the summer to feed, and then they migrate back towards the equator, into warmer waters, in the winter to breed.

Like other whales, the blue whale makes a range of sounds, the low-frequency sounds that we often call their songs, as well as series of clicks. These make up quite a sophisticated language, and they're actually different from groups of whales living in different parts of the world. You probably won't even be surprised now when I tell you that the blue whale makes the loudest sound of any animal, louder than a jet engine. However, the sounds are at a frequency below the range of human hearing, so we can only hear them via recording technology.

So how many blue whales are there now? Well, we stopped catching them commercially in 1964, but they're still categorised as one of the most endangered species of whale. The problem with saying just how endangered they are, is that it's very difficult to count them, like I said before, they tend to travel alone, and they keep moving throughout the year. Anyway, it's estimated that there were a little over 206,000 blue whales before people started killing them and about 200,000 of those were in the Southern Hemisphere. We didn't actually have the technology to be able to catch and kill blue whales until late in the 19th century, but after whalers worked out how to do it, they killed them in their thousands. By the time we were able to make any sort of count of the population, in the 1930s, the total population was down to between 30 and 40,000. When whaling stopped in 1964, the number was of course at its lowest level — but we're not even very sure about that — estimates range from 650 to 2000. Since then, the population has grown, but only slowly. In the early 1980s, researchers put the total population at about 6500, and the majority of those were the Northern hemisphere, rather than the Southern, as before. An estimate from a decade later is actually lower than the 1980s' one, at between 2,500 and 3,000, but maybe that reveals more about the difficulty of counting blue whales than about their real numbers. As for current numbers, there have been some reports of more frequent sightings of blue whales in particular areas, but there's not really enough reliable information to say whether that means the total population has increased.

TASK 9

Over the last twenty-five years, researchers in education have made two important points: the first is that learning is more important than teaching; and therefore, that what students do is much more important than what teachers do. Think about that for a moment—what students do is much more important than what teachers do.

And the second point, which follows from the first, is that students take different approaches to learning, or in other words, students learn in different ways. It's possible to divide these different approaches into two main types: the deep approach to learning and, by contrast, the surface approach to learning.

Let's look first at the deep approach. Students who take a deep approach aim to understand and use the subject. They also value the subject: they think it's important and, usually, enjoyable. What are the characteristics of these learners? Well, first of all, they actively try to understand the material they are learning and the subject in general; and second, they are motivated by interest; they also take a general view of the subject and relate different ideas to each other. For example, they relate new ideas to what they've already learned, and they relate ideas to their everyday life and experience. Finally, They tend to read and study more than the course actually requires them to. So, that's the deep approach.

Students who take a surface approach on the other hand, have the main aim of passing an exam or getting a qualification. They are not so interested in the subject itself or in really understanding it. Of course, teachers generally think that most students take this approach. How can this approach be characterized? Well, for a start, these students try to learn in order to repeat what they have learned: they memorise information needed for tests; they make use of rote learning— that is, they repeat information again and again until they can remember it by heart. Second, they take a narrow view and concentrate on detail, rather than on the "big picture". And they tend to do only what the course requires them to do and no more. Finally, they are motivated by fear of failure—they are afraid to fail the exam.

Educators believe that the most effective students are those who take a deep approach, while the best teachers are the ones that encourage students to take a deep approach: to be motivated, interested and really try and understand what they are learning.

TASK 10

Man: Pan Asian Airways. John speaking. Can I help you?

Woman: Yes please. I left something on one of your planes last night. I got this number from the operator. Is this the right number to call?

Man: Yes, madam. This is the right number. I just need you to tell me your name to start with so I can fill out a lost property form.

Woman: Kirsty Allen. That's K-I-R-S-T-Y A-L-L-E-N. **Q1**

Man: Right. I've got that. Now what happened last night?

Woman: Well, I was on a flight last night from New York to London that landed at 12:30 am. We were delayed a while in New York so that when we eventually landed, I was so tired that I accidentally left my handbag on the plane.

Man: Did you report this to anyone last night?

Woman: No, I'm afraid not. I didn't notice until I got home and then it was really too late to phone.

Man: Very well madam. Let me take a few details for this form and I'll see what I can do. OK, so the name was Kirsty Allen. And what's the address please?

Woman: 48 **Q2** Windham Road, Richmond.

Man: The postcode?

Woman: TW9 4TH. **Q3**

Man: Good. I've got that. Now, your telephone number?

Woman: Well, my home number is 020 8927 7651 and my mobile is 07754 897 432.

Man: I'm sorry. I didn't catch the second one. What was the mobile again?

Woman: 0 double 7 54 897 432. **Q4**

Man: Thanks. Now, do you know the flight number of the plane that you were on last night?

Woman: Oh yes, hang on a second. I've got my boarding pass stub right here. Err... the flight number was PA356. No, I'm sorry, PA365. **Q5** That's it: 365.

Man: And does the boarding card stub say what seat you had?

Woman: Oh yes. It was E6. **Q6**

Man: And you said that it was New York to London Heathrow. Is that right?

Woman: Yes, that's right.

TASK 11

Now, although the UK is a fairly small country, the geology and climate vary a good deal from region to region. For our purposes today we can divide the country broadly into three — I've marked them on the map here (indicates map).

The region you'll get to know best, of course, is the north, where we are at present. The land here is generally hilly, and the soils thin. The climate up here, and you've already had evidence of this, is generally cool and wet. **Q1** As you will see next week, the typical farm here in the North is a small, family-run concern, producing mainly wool and timber **Q2** for the market.

If we contrast that with the Eastern region, over here, the east is flatter and more low-lying, with fertile soils **Q3** and a mixed climate. Average farm-size is much bigger in the east, and farms are likely to be managed strictly on commercial lines. As for crops, well, the east is the UK's great cereal-producing region. However, increasingly significant areas are now also given over to high quality vegetables **Q4** for supply direct to the supermarkets.

The third broad region is the west, where it's a different story again. The climate is warmer than in the north and much wetter **Q5** than in the east. The resulting rich soils in the west provide excellent pasture, and the farms there are quite large, typically around 800 hectares. **Q6** The main products are milk, cheese and meat.

TASK 12

Good afternoon everyone. Today we have with us Mr Kevin Ackroyd, a representative from the Department of the Environment to outline the results of last year's inquiry into environmental problems along the coastline. Mr Ackroyd.

Thank you Ms Cranston. Good afternoon everyone. Perhaps it would be best if I first outline for you what I plan to talk about. I'll begin with some background to the inquiry looking at the new demands we are making on our old resources, so to speak, and then go on to give you some idea of the conclusions we came to in our inquiry.

OK, first the background. The inquiry was sparked off because various concerned residents in the coastal region realised that the recent population shift, **Q1** which really got going in the 1970s, was putting extreme pressure on our coastal environment. **Q1** Over the past two decades half of the country's population growth has been in the non-metropolitan areas. **Q2** Today, nine out of ten people live in the coastal zone.

The reasons for this shift are not yet fully understood, **Q2** but there is a range of factors which probably contribute, including economic development, an ageing population, **Q3** and growth in industry, particularly tourism and its associated industries. We would have to admit that government policies have also contributed to this trend. **Q4** A trend which is likely to continue so that it's estimated that by the year 2000 there will be a million additional people living in the non-metropolitan coastal zone. This population expansion puts considerable pressure on the natural resources of the zone, and there are two factors likely to impose particular strains. These are firstly that those areas of greatest growth in the past are likely to continue to grow as strongly as before—in other words, urban sprawl or expansion will continue for at least another decade. **Q5** The second factor contributing to the pressure is industry, particularly the newer industries like tourism. These newer industries will compete for resources with other users such as the intensive fish and shellfish farming industry. **Q6**

All of this will take place in an environment that is already under severe stress, and in particular the water resources will be degraded. It is the view of the inquiry that water degradation, whether of seas, rivers or lakes, is the greatest resource problem in the coastal zone as a whole.

Now the conclusions of the inquiry can be stated quite plainly and simply. First we must raise the profile of the coastal zone in our thinking, especially in our approach to conservation and economic development.

Second, we must exercise much greater vision. We must be prepared to think in the long term rather than the short term, and to pay attention to detail; so, better management and better planning.

And thirdly we must adopt a national approach. **Q7** We can no longer afford to leave the decision making to individual departments, to local government bodies or even to the central government. We are looking here at the need for coordination on a nationwide level. **Q7** To achieve workable, effective results involving all levels of government as well as the various non-government organisations in this country will be no easy task, but it is imperative we try.

Well, I see time is running out, so perhaps if I just summarise the recommendations made by the inquiry for you:

- the long view prevails over the short;
- broad considerations predominate over narrow;
- the techniques of modern management, and the tools of modern economics are brought into operation; **Q8**
- people being affected by decisions (including indigenous people) are adequately consulted before decisions are made. **Q9**

With that I'll stop and give you the opportunity to ask a few questions. But perhaps first I should tell you that the full report of the inquiry is available from the GPS, the Government Publishing Service.

TASK 13

Hello, and welcome to today's lecture on sleep disorders. Have you ever lain awake in bed, tossing and turning for hours on end; counting the minutes until morning? Perhaps you remember being told by your mother to count sheep when you couldn't get to sleep as a child? **Q1** If so then you are not alone. The vast majority of people experience insomnia, or sleeplessness, at some point during their lives. For most people, insomnia occurs infrequently enough not to have any significant impact on their lives, but some groups of people tend to suffer more.

Research shows that the elderly and women are the most likely to experience ongoing difficulty sleeping as well as people with a history of depression. **Q2** Some people have diseases that cause sleeplessness, like arthritis, narcolepsy or restless legs syndrome.

However, there are certain factors that can aggravate the problem in healthy people of either sex at any age. Things like stress, environmental noise, extreme temperatures and unfamiliar surroundings can all cause difficult sleeping. A large number of people who travel overseas frequently or do a lot of shift work also experience intermittent insomnia. **Q3** This is because the change in the sleep/wake schedule caused by crossing time zones or working different hours confuses a person's body, disrupting its rhythm.

Of course, it goes without saying that smoking, drinking coffee, or taking any medication that stimulates the nervous system can prevent a person from sleeping well. **Q4** So, if it is at all possible, an insomniac should avoid doing any of these things immediately before going to bed.

Although many people would laugh at the idea of insomnia being a serious problem, anyone who has experienced the problem over an extended period of time will tell you that it can have a significant impact on your life. As a matter of fact, it can be downright dangerous.

Since sleeplessness often causes daytime fatigue, a person who works with any kind of heavy machinery or drives for a living can be placed in real danger by an episode of insomnia. **Q5** The problem seems all the more serious when we consider the other lives these people may also put at risk through their drowsiness and inattention.

Fortunately, there are numerous treatments for insomnia. Everyone knows about sleeping pills. But doctors usually only prescribe these as a last resort. **Q6** They say insomniacs should try other, more natural methods first.

Firstly, a person who has trouble sleeping should try to get regular exercise, preferably some time in the late afternoon. Then, before going to bed they should perform some relaxing activity, like reading or watching television (Although watching exciting or frightening movies is not recommended). Taking a hot bath a few hours before going to bed can also help to induce sleep by raising a person's body temperature. **Q7**

If, after doing all these things, a person still can't sleep, they should get up again rather than lying in bed unsuccessfully trying to sleep. **Q8**

Now, if I can draw your attention to the screen on my right, you can see that insomnia has been divided into three categories …

TASK 14

Jana: ... the Minister responsible declined to make any further statement. And now with more information on the situation in Lidham we cross to Sophie Roberts at the scene of today's major traffic accident.

Sophie: Good evening. Yes, Jana. The situation here in Avalon Road, Lidham, is chaotic. The death toll is rising with three known fatalities, **Q1** and a further 14 people receiving treatment at the local St. John's Hospital. **Q2 & Q3** A few moments ago I spoke with the Police Rescue Officer in charge, Chief Inspector McManus, who told me that it would be at least two hours before the northbound lane was reopened, and even longer for the southbound lane that is still strewn with vehicles. He urged all drivers to find an alternative route through Lidham.

Jana: Is there any clear indication as to what caused the disaster?

Sophie: Well, yes, Jana. They are starting to put together the accounts of the witnesses, ah, here is Chief Inspector McManus. Inspector, could you spare us a moment please?

InspectorM: Well, yes, just a moment though. As you can see, I have a lot on right now.

Sophie: Yes, thank you. Now tell me, do you have any more information for us?

InspectorM: Yes, it seems, from what I can piece together so far from the statements that the witnesses have made, that the driver of a large articulated lorry lost control of his vehicle as he came down the road there. **Q4** As you're aware, it is a very steep stretch of dual carriageway, and it would have been very difficult for the driver to bring his vehicle back under control coming down that hill. There was a queue of traffic turning into Avalon Road from Batty Avenue. They wouldn't have been able to do anything. I'm sorry, I must get back to work.

Sophie: Yes, yes, of course, Inspector. Thank you for your time. I also have with me Mr. Ted Higgins, a local shopkeeper, who told us that he heard the lorry sounding its horn before the accident. **Q6**

Ted: Well, I was just unloading my van outside the shop here, and I heard this horn, you know, much worse than an ordinary car horn, **Q6** and it just went on and on, getting louder and louder, and then, I think I was still holding a box of tomatoes ... and, there was this huge lorry coming down the road, horn going and the lights on, traveling really fast ... I don't know, maybe about 80 or 90 mph, it came straight down through the lights right at the moment the traffic was turning into the main road, **Q5 & Q7** you know, Avalon Road, from Batty Avenue. It just seemed to pick up the cars as it, as it went along. I tell you it was a real mess.

Sophie: Thank you Mr. Higgins ... and, so back to you Jana, in the studio.

Jana: Thank you Sophie. Anyone wanting further information regarding those injured in the accident should ring St. John's Hospital, which has set up a hotline, and the number is Sydney 0 1 7 1- 3 8 9- 1 7 7 8. I'll repeat that number: 0 1 7 1- 3 8 9- 1 7 7 8. **Q8** And now, with all the news of sport, here is Charles Oakden.

TASK 15

At Lock Fleets in Galloway in the south of Scotland, a similar experiment is being conducted by British Coal and a number of other electricity boards. Fish stocks here began to decline in the 1950s, and within 20 years, there was no brown trout left. **Q1** By injecting lime into the land around the water and neutralizing the effects of acid, scientists have created conditions in which fish can survive. **Q2** This is maybe one solution. **Q3** But we need to consider how to control sulphur emissions. While, one way, of course, is to scrub out the sulphur dioxide by means of lime stone slurry. Very effective, 90 percent in fact. **Q4** But it does have the disadvantage of being expensive, which will put up the cost of electricity 10 to 15 per cent, which may cause difficulties for British industry. **Q5** And it has its own environmental problems because the Limestone has to be dug out of the ground often in very attractive parts of the country transported to the power station. And we have eventually a large waste disposal problem. Alternatively, you can use imported low sulphur coal. We might increase the amount of natural gas we burn, or even increase the size of the nuclear power program. But there are environmental objections by many people to nuclear power.

TASK 16

Welcome to the first seminar of the International Hotel Hospitality and Management Course. My name's Garth Walters, and I'm one of the Career Advisors at the school, and, this afternoon, I intend to give you an overview of the four core subject options available to you in this course — one of which you will need to choose as your core or main subject by the end of the first week. **Q7** Each core subject prepares students for work in one of four major career areas: front desk and reception work, drink and bar service, restaurant service, and lastly, guest relations. **Q1** For each area that I have mentioned, we will explore the personal skills required, the professional qualifications needed, and the career opportunities available.

To start with, we are going to take a look at front desk and reception work. In some ways, the reception desk is both the... er... face and the nerve centre of a hotel. It's the first point of physical contact with the client, **Q2** and a close and professional relationship should be immediately struck up. The psychology behind the need for creating a good first impression and maintaining it is fairly obvious, but how to do this effectively constitutes a major slice of the work that all students will be doing in the first few weeks of this course, regardless of the option that you choose.

Now, the type of person who is best suited for front desk and reception work is self-confident, caring and sensitive, intelligent, and also able to work calmly in the glare of the public eye, when it's as busy as it often gets, without appearing to panic. The ability to speak more than one language is, naturally, a great asset in this job, as is clear diction and familiarity with switchboard operating systems — a technical skill that is taught only in the front desk and reception core option. **Q3**

Qualifications? Well, ideally, an Associate Diploma with at least one foreign language would be good, but this is not strictly necessary. You are encouraged, however, to take up another language. As for the career opportunities available, um... after a few years, competent front desk staff can begin working in reception management, that is, being responsible for the VIP guests, and coordinating and arranging conferences and meetings at the hotel.

We now move on to the second core subject option — drink and bar service. Usually, you need to have completed a recognised bar service. Course to begin serving drinks in a top hotel, but you'll all be taught the basics, since a percentage of the work in each option is compulsory for all students.

Obviously, an outgoing and lively personality are prerequisites for this type of work, also, an ability to work late into the night. So, if you are a morning person, this type of work is definitely not for you! There is much more to skilled bar work than just serving drinks. It involves an intimate knowledge of most alcoholic beverages, mixers, wines, and beers, as well as mixing techniques and the correct choice of drinks to accompany meals. An effective member of a drink and bar service team can eventually move into more specialised areas.

Two of the main avenues open are cellar management: **Q4** dealing exclusively with wine and fortified wines ...the, er ...selection, purchase, storage, and general upkeep of the hotel cellar, and the other area is working in co-ordination with fine restaurants as a wine manager or consultant, with the emphasis placed more on the bonding of wine with food. Naturally, for both careers, a wide and thorough knowledge and appreciation of wine varieties and styles is essential.

The third core subject option is restaurant service. Well, a love of food and its presentation is a must for anyone considering this line of work. Also, life in a restaurant can be hectic, hot, and very busy. The hours are long, and the competition for certain positions within the industry is tough, but, by completing the International Hotel Hospitality and Management Catering core option, you will be able to enter restaurant service as an Assistant or Grade 3 chef. **Q6** As a Grade 3 chef you will be responsible for the preparation of salads and desserts, stocking and cleaning the fridges, etc., and, as you learn, you can progress to Grade 2, and then, with time, Grade 1 or Chief chef. **Q5** As you become more familiar with different styles of food and presentation, you may wish to specialise in a particular area, but, as I said, the competition, especially in the larger more reputable hotels, can be fierce. Right. Um ... before I move on to the last option, guest relations, I want to say a few words about how you can best choose your core subject, but, er...are there any questions before I continue?

TASK 17

The Prime Minister has promised to help the drought stricken farmers in the northern part of the country that hasn't seen rain for nearly two years. And in Sydney, a group of school children are successfully rescued from a plane which landed in the sea shortly after take-off. Transport workers are on strike in Melbourne over a pay claim and the strike looks set to spread to other states. And on a fashionable note, there's to be a new look for the staff of QANTAS Australia's national airline. **Q1, Q2 & Q3**

TASK 18

LYNNE: That essay we have to write — the one on how children learn through the Media — how are you planning to write it?

ROBIN: Well, I've given it some thought you now. So let's move on to when each type of medium could be used. I guess we could start by trying to identify the best situation for each type of media.

LYNNE: What do you mean?

ROBIN: I'm talking about whether each medium should be used with different sized groups. For example, we could look at pictures, and ask whether they're more useful for an individual child, a few children together or a full class — in this case, I'd say pictures are best with individual children, because they give them an opportunity to let their imaginations run wild.

LYNNE: Yes, I see.

ROBIN: Let's take tapes next. Although tapes look ideal for individual children, I feel they're best suited to small group work. **Q1** This way, Children don't feel isolated, because they can get help from their friends. Computers are the same **Q2** ... I think they're better with small numbers of children and they're hardly ever useful with a whole class. **Q2** Videos, however, are ideal for use with everyone present in the class, especially when children have individual activity sheets to help them focus their minds on what's in the video. **Q3**

LYNNE: And what about books, what would you recommend for them? Books are ideal for children to use by themselves. **Q4** I know they're used with groups in schools, but I wouldn't recommend it. Other pictorial media like maps, though, are different ... I'd always plan group work around those…give the children a chance to interact and to share ideas. **Q5**

ROBIN: I agree ... teachers often just leave maps on the wall for children to look at when they have some free time, but kids really enjoy using them for problem solving.

LYNNE: Yes, different people have different ideas I suppose.

ROBIN: Yes, and different teachers recommend different tools for different age groups…

TASK 19

Interviewer: … I know you're particularly concerned about waste management issues. Can you give us any statistics about the kind of waste issues that are confronting us globally?

Melissa: Sure. Well, for instance it only takes three months for Americans to throw away enough aluminium …

Interviewer: … I suppose that's in the form of aluminium cans… **Q1**

Melissa: Yes … enough aluminium to replace the entire US commercial aircraft fleet.

Interviewer: Good heavens! That's phenomenal!

Melissa: Yes. That's a lot of cans. And here's another fact: Western Europe produces around 250 million car tyres a year. **Q2** All of which have to be disposed of.

Interviewer: Wow! Well, there are a lot of cars in Europe obviously. And I suppose they'd get new tyres every second year or so.

Melissa: Yes, exactly! And then there's the plastic bag problem, which is huge. Here in Australia we use six billion bags each year. **Q3**

Interviewer: Six billion!

Melissa: Yes … and less than one per cent of them is being recycled.

Interviewer: Really? And they're so bad for marine life, aren't they?

Melissa: They certainly are! Thousands of birds die from eating plastic bags each year. You know, research done in Hawaii found that nine out of ten albatross chicks that had died had swallowed some sort of plastic in one form or another. **Q4** It's really sad and it would be so easy to avoid this. If people would at least throw them in rubbish bins, instead of dropping them on the ground.

Interviewer: Yes, that shouldn't be so hard.

Melissa: And here's one last fact for you. In the Gulf of Mexico there is an area of 7,700 square miles of sea where absolutely no marine life exists, other than bacteria. **Q5**

Interviewer: Melissa, thank you for coming on the programme today and for sharing all your facts and figures with us. And good luck with the "Clean up the World" campaign!

TASK 20

Steve: And do we need a guide?

Jane: Oh no. Look here's a map. I'll show you. Now, you see these arrows? They're the marked walking trails. This is Waterfall, where we get off the train. Then we'll walk to Garie beach and stay at the hostel there. You see this area beyond the youth hostel, to the south? Those are rocky bluffs and there are lots of animals and birds in this area. You can spend hours just watching them. Now this area here, around Garie itself, has fabulous beaches for swimming and walking, **Q1, Q2, Q3 & Q4** and in some parts there are rock pools with fascinating sea creatures in them.

Steve: So there are plenty of places to swim.

Jane: Yeah, there are great places to swim. Then to the north of Garie, along the coast there are some wonderful cliffs to walk along, **Q1, Q2, Q3 & Q4** where you can get spectacular views. We plan to walk along here to this great picnic and barbecue place with a waterfall, called Wattamolla. Lots of people go there just for the day to have a picnic lunch. Of course Dave will have to drive the van. This area here is Audley.

Steve: Where? Oh yeah.

Jane: It's not a town, it's just a place where two rivers join where you can hire rowboats. **Q1, Q2, Q3 & Q4** We'll spend the last day here and then we'll all pile into the van so Dave can drive us back to Sutherland to get the train home.

TASK 21

Good Afternoon, I'd just like to make a few announcements before the first performances being at this year's Hetherington Art and Music Festival.

Firstly, a short guide to some of the more important places on the site. There are three stages. Stage 1 is the main stage and is where I am speaking from now. Stages 2 and 3 are opposite each other to the left and right of the main stage. The first aid post is located directly behind me and to the northeast of the main stage. **Q1** The organizer's office is next to the rear entrance and this is where lost children can be reunited with their parents. In front of this office you will find ten public telephones. **Q2** These telephones can only be used to telephone out; they will not receive incoming calls. Toilets are to be found in all four corners of the stadium site. If you lose anything you should make a report at the security post next to stage 2. **Q3** Remember to visit the souvenir stalls in the car park in front of the main entrance to the stadium.

TASK 22

Pendulum clocks have always been popular. Their technology is quite straightforward, as we can see if we look at this diagram. You can see the hour and minute hands on the front of the clock, we call this the clock face, **Q1** and then if we look behind the face, we see the main gear train, and behind that, the pendulum. That's P-E-N-D-U-L-U-M. **Q2** This is the part of the clock that we hear ticking. This is driven by a weight which is situated in front of the pendulum and by slowly pulling downwards on a string, the weight pulls the gear train around. **Q3**

TASK 23

The production of olive oil is an expensive business. The best oil comes from olives that have been hand picked, as machines tend to damage the fruit, so the first step is to pick the olives by hand. **Q1** After this initial process, the fruit is transported to the mills, **Q2** where it is carefully crushed. Incidentally the very best oil, known as extra virgin oil, comes from the first crush. The paste which results from the crushing process is mixed until oil derplets form and the precious "liquid gold" is then bottled in beautiful containers and labelled to show its origin. **Q3** The oil finally finds its way into shops and supermarkets both at home and abroad. **Q4**

Listening Test 1

SECTION 1

AUTOMATED PHONE: Thank you for calling Car Line. So that we can best help you, can you please press the star button on your phone now. Thank you.

AUTOMATED PHONE: Now choose one of the following four options by pressing the buttons on your telephone. Press 1 if you would like to make a car reservation. Press 2 if you would like to talk to someone about a car reservation. Press 3 if you would ... Please hold while we put you through to one of our assistants.

MELANIE: Good morning, Melanie speaking. How can I help you?

MR MAXINE: My name is Mr Maxine and I booked a car several days ago to be picked up from Heathrow airport in London. And I'd like to change the booking. **Q1**

MELANIE: I see. Have you got a reference?

MR MAXINE: Yes. I have it here somewhere on a piece of paper. Ah, here it is. It's A for Alpha,

C for Charlie, F for Foxtrot, Y for …

MELANIE: Year.

MR MAXINE: Yes. The number 15 – one, five – A for Alpha and G for Go.

MELANIE: Let's see. Can I just check that? A C F Y 15 A G. **Q2**

MR MAXINE: Yes.

MELANIE: Mr John Maxine.

MR MAXINE: Yes. That's it.

MELANIE: Okay. So how can I help you?

MR MAXINE: I booked a car for three days from this Friday at 6 p.m. to Monday at 6 p.m. **Q3**

MELANIE: Yes. A manual.

MR MAXINE: I'd like to change it for a larger car and an automatic rather than a manual. And I'd also like to book it for five rather than three days. **Q4**

MELANIE: Okay. Let's have a look. Mmm. We have an estate which is automatic.

MR MAXINE: Yes. That would be perfect.

MELANIE: There is a difference in price though.

MR MAXINE: For the extra two days?

MELANIE: Yes, but also for the size of the car. The estate is £15 more expensive per day than the saloon car you have already booked.

MR MAXINE: Okay. And how much extra is it altogether, then?

MELANIE: That makes it an extra £165. **Q5**

MR MAXINE: Mm. It seems rather expensive. The last time I hired one it wasn't so much.

MELANIE: When was that?

MR MAXINE: Mmm… several weeks ago. **Q6**

MELANIE: I see …

MELANIE: Well, it's basically because the rates change daily according to the cars available. **Q7** The estate is the last automatic we have for hire for that period. We have a manual estate, which is cheaper, if that would help? **Q8**

MR MAXINE: No. It has to be an automatic.

MELANIE: Okay. Shall I debit your card for the extra £165?

MR MAXINE: Is it possible for me to pay the extra in cash when I pick up the car at the airport?

MELANIE: I'm afraid that isn't possible as there are no facilities for handling cash at that time of the day.

MR MAXINE: That seems odd.

MELANIE: It's because the money can't be banked in the evening and for security reasons no cash is held on the premises.

MR MAXINE: Okay. You can debit my card.

MELANIE: You'll have to give the number to me again.
MR MAXINE: Isn't it logged on the screen?
MELANIE: For security reasons it does not come up on the screen when we look at the booking. Any changes, and it has to be entered again.
MR MAXINE: I see. It's 3445 9911. **Q9**
MELANIE: 3445 9911.
MR MAXINE: 4425.
MELANIE: 4425.
MR MAXINE: 7750.
MELANIE: 7750. Okay, that has now been authorized. Shall we send the receipt to your Park Vale address? **Q10**
MR MAXINE: Yes, number 40. **Q10**
MELANIE: Is there anything else I can help you with, Mr Maxine?
MR MAXINE: No, nothing else, thank you.
MELANIE: Have a nice trip.
MR MAXINE: Thank you. Goodbye.

SECTION 2

Good afternoon. It's good to see so many of you here. I hope that you're all settling down well here in Sydney. I'm here this afternoon to talk about one of Sydney's most famous assets — the beach! There are many beautiful beaches in the city, and you can have a lot of fun at them, but it's wise to be aware of a few things when you're there.

You've probably heard about shark attacks, but in fact, they're pretty rare. Usually it's sufferers, who are quite far out in the water. It's true that there are about two or three attacks a year, **Q11** but if you think about the number of people who swim on the coast, the chance of getting attacked is very small. Another marine hazard are box jellyfish which can give you a very nasty sting, but they're only really a problem further up the coast where the water is warmer, say from about Brisbane onwards. **Q12**

Some of you, I know, are from climates much warmer than here, but for those of you who aren't, the sun is very strong here, **Q13** especially in the summer months, and you should be really careful to slip-slap-slop, as we say here: slip on a shirt, slap on a hat and slop on some sun scream. **Q14**

Finally, something that's much less well-known — rip currents in the ocean. **Q15** You are far more likely to die in a rip current than any other way on the beach. What's a rip current, then? Well, if you are swimming in the sea and you suddenly notice that you are being pulled out to sea very fast, then you are probably in a rip current. It can be a terrifying experience — one minute you are swimming around quite happily, and the next, you are in the middle of a very strong current that is taking you away from the shore.

So what do you do? Well, most people panic and start trying to swim back towards the shore. **Q16** This is the worst thing you can possibly do. You'll use up a lot of energy — and being in a panic will make the situation even worse — you'll become totally exhausted, and then it's far easier to drown. So that's the first message. Don't try to swim against it. **Q16**

Secondly, don't panic. As long as you are relaxed, you'll conserve your energy. Usually, rips are quite narrow and run straight out, at right angles to the beach. So, instead of swimming towards the shore, swim parallel to it, across the current. **Q17** This should take you out of the rip, and then you'll be able to come in to the shore. Sometimes, the current might be very strong, and you won't even be able to swim across it. However, the further you get away from the beach, the less power the current will have. When you feel the pull getting weaker, **Q18** you can start swimming again, across the current, and you'll find that the waves will take you back to shore.

The best way to fight rip currents though is to follow a few basic rules. Never go swimming in the ocean alone, **Q19** and if you're not a very strong swimmer, stick to shallow waters. Better still, only swim in places where there is a lifeguard. **Q20** Enjoy the beach, and be safe.

SECTION 3

Theresa: How is your market research project going, Frank?

Frank: Very well actually, Theresa. I have just got the results of the survey back and so now I have got to draw some conclusions from the information I've collected. **Q21**

Theresa: That's good. I'm still writing my questionnaire. In fact I'm starting to panic as the project deadline is in two weeks and I don't seem to be making any progress at all.

Frank: What is your topic?

Theresa: Forms of transportation in the city. **Q22** What about you?

Frank: I've been finding out people's attitudes to the amount of violence on television.

Theresa: That's interesting. What do your results show?

Frank: Well, as I said I haven't finished writing my conclusions yet, but it seems most people think there is a problem. Unfortunately, there is no real agreement on the action that needs to be taken. Nearly everyone surveyed said that there was too much violence on TV. **Q23** A lot of people complained that American police serials and Chinese Kung Fu films were particularly violent. The main objection seems to be that although a lot of people get shot, stabbed, decapitated and so on, films never show the consequences of this violence. Although people die and get horribly injured, nobody seems to suffer or live with the injuries. Any children watching might take the heroes of these programs as role models and copy their behaviour. **Q24**

Theresa: So what did most people suggest should be done?

Frank: A lot of people are concerned about how these films affect children. They are particularly worried that children will try to behave like the stars. The survey shows that violent programs should only be broadcast after 10:00 p.m. when most children are already in bed. There is also a significant minority of people who feel that violent films should be banned altogether. **Q25**

Theresa: How did people feel about the violence on news broadcasts?

Frank: Most of the responses I have looked at have felt that violence on news broadcasts is more acceptable as it's real. **Q26** Although it is unpleasant, it is important to keep in touch with reality. Still, many people thought that it would be better to restrict violent scenes to late evening.

Theresa: Your survey sounds very good. How many people filled it in?

Frank: I gave out 120 copies and I got 70 back. **Q27**

Theresa: That's a very high rate of return. Who did you give your questionnaires to?

Frank: I gave a copy to every student in my hall of residence and a few to friends from other colleges.

Theresa: Don't you think that this will influence your results?

Frank: How do you mean?

Theresa: The people in your hall of residence will all be about the same age. They are all students, most of them studying similar subjects and from similar backgrounds. Therefore it is likely that they will have similar opinions. Your results represent student opinion not public opinion. **Q28**

Frank: So how are you going to do your research?

Theresa: I'm going to interview my respondents in the shopping mall. **Q29** What I'll do is ask people if they have five minutes to spare to answer a few questions. If they agree I will ask them some multiple choice questions and tick off their answers on my sheet. That way I can select people of all ages and attitudes, so my sample should be reasonably representative.

Frank: Isn't it very difficult to ask meaningful questions using multiple choice?

Theresa: Yes, it is. I suppose your survey has the advantage of more detailed information. However, in most cases people won't bother to give answers that require too much effort on their part. The secret to writing a successful survey is to write simple multiple choice questions that target the information you are looking for. **Q30** There, it is better to write a lot of short specific questions than longer general ones.

Frank: So that's why it is taking you so long to write.

Theresa: Yeah, but I hope I will be ready to start interviewing at the weekend.

SECTION 4

Hello. This afternoon I'm going to begin by outlining some of the main changes that have occurred in the labour market and in working practices over the last 20 years. One of the most significant changes has been the vast move, especially in industrialised countries, from manufacturing to service industries. Although this has freed many people from heavy and repetitive work in factories, many people find their work in service industries equally boring and just as badly paid. **Q31**

Another important change has been that most people no longer expect to spend most of their working lives with the same company or organisation. As a result people set themselves objectives which they work towards, and they use the various jobs they do and the different companies they work for as steps towards these objectives. For individual workers I think this has helped them become more independent and given them more control over their lives. **Q31**

In most companies the management team has become less hierarchical. This is often called downsizing or delayering. In other words, there are fewer managers and fewer levels of management. As a result, there are not so many opportunities for promotion and people often feel frustrated because they find themselves at the same level for many years without the chance to rise in the company. **Q32**

Competition from new products and from different parts of the world means that nowadays companies have to adapt very fast to changing markets and this requires them to be very flexible. Increasingly this means they don't employ workers directly, but employ other small specialist companies or individuals to do the job when they need them. This means they don't have the expense of employing workers when they don't need them. I believe that for workers who are subcontracted there are various gains: they're often better paid for the work they do; they work in smaller, more human organisations and they're able to organise their working lives in ways which suit them, **Q33** instead of having to fit into the routines of a large company.

Of course, the biggest areas of change have come with the technological revolution. Workers now have the chance to go job hunting on the World Wide Web, so they have more opportunities to find better or more suitable jobs. **Q34** Statistics show that generally people work much harder than in the past with much longer hours. New technologies are largely responsible for this, **Q35** especially mobile phones and beepers or pagers. These things force employees to stay in contact with their offices even in their free time and at weekends. I think this is a pity as people need to be able to relax and have time for themselves.

Another effect of technological change is that jobs evolve very rapidly, and workers have to be continually going on training courses in order to remain employable. As a university teacher, I can hardly complain about this, but it can place an enormous strain on workers if they're obliged to retrain for jobs well into their late 50s when they're getting close to retirement, so I'm not sure if it's a good thing or a bad thing. **Q36**

New technology and global competition have, between them, meant that the life cycle of products isn't nearly as long as it used to be. **Q37** This has had a profound effect on companies and on the way we work. In order to cope with sudden changes in the market, companies need much greater flexibility from their staff. **Q38** As a result large numbers of tenured or permanent jobs have disappeared. **Q39** Apart from university lecturers like myself, few people can expect nowadays to have a job for life, and temporary short-term employment has become the norm for many people. However, we have to be positive. One wonderful change which has come out of the technological revolution is the opportunity for office workers to telecommute, that is, for them to work from home, **Q40** with their computer and their modem. This enables them to organise their working lives around their families and cut out the long journeys to and from work which are the bane of most office workers' lives.

Listening Test 2

SECTION 1

Manager: Ok, could I have your full name, please?

Robert: Yes. My first name is Robert, R-O-B-E-R-T, Wutherspoon, W-U-T-H-E-R-S-P-O-O-N. **Q1**

Manager: Could you repeat your surname, please?

Robert: Sure. Wutherspoon, W-U-T-H-E-R-S-P-O-O-N.

Manager: Good. Now, where do you live?

Robert: My address is 9809 Richmond, **Q2** Apartment F 66, **Q3** Houston, Texas, **Q4** 77042.

Manager: Richmond is spelt R-I-C-H-M-O-N-D, right?

Robert: That's right. And it's Houston, Texas, 77042.

Manager: Right. Your contact number?

Robert: Yes, it's 795 5183. **Q5**

Manager: Is that at home or is it your work number?

Robert: That's my home number. My work number is 743 3027. **Q6**

Manager: And your date of birth is ...?

Robert: December 6, 1979. **Q7**

Manager: Good. Now I'll have to see some proof of identity. Do you have a driver's license or a passport with you? **Q8**

Robert: Yes, I've brought my driver's license. **Q8**

Manager: Thank you. Okay, I'll just record your license number: 1361 7844. **Q9** You need to give me a password to authorize borrowing as well. What would you like as a password?

Robert: "Horace". H-O-R-A-C-E. It's my cat's name so I'll remember it easily. **Q10**

Manager: Okay. Well, here's your license, and if you'll just wait a few minutes I'll laminate your membership card.

SECTION 2

Good morning, everyone, and welcome to the Maritime Museum.

Now before we commence our tour I'd just like to tell you a little bit about the history of the museum. As you can see, it's a very modern building built in the post modern style and it was in fact opened by the Prime Minister of Australia in November 1991. **Q11** It's been designed with a nautical flavour in mind to remind us of our links with the sea. But the museum isn't only housed in this building. There are a number of historic ships docked outside in the harbour which form part of the museum **Q12** and which you are also free to visit, and we'll be coming to them shortly.

I'd just like to point out one or two things of general interest while we're here. Handicapped toilets are located on this floor and the door shows a wheelchair. **Q13** The cloakroom where you can hang your coat or leave your bags is just behind us here. The education center is on the top floor and there's a good little library in there which you might like to use. Follow the signs to the Education Centre — you'll see a lot of little green arrows **Q14** on the wall. The green arrows will take you there. The information desk, marked with the small letter i on your plan is located right here in the foyer, so if you get separated from your friends, I suggest you make your way back to the Information Desk **Q15** because we'll be returning to this spot at the end of the tour. All right?

Now, if you look out this window you should be able to see where the museum's ships are docked. If you want to go on a tour of the old ship, the Vampire, she's docked over there and you should meet outside on the quay. However, a word of warning! I don't recommend it for the grandmas and grandpas because there are lots of stairs to climb. Right, now, let's move on. Oh, I almost forgot to give you the times for that tour. Now, tours of the Vampire run on the hour, every hour. **Q16** All right?

Let's take a walk round the museum now. The first room we're coming to is the theatre. This room is used to screen videos of special interest and we also use it for lectures. There's a continuous video showing today about the voyages of Captain Cook, **Q17** so come back here later on if you want to learn more about Captain Cook.

Now, we're moving along the gallery known as the Leisure Gallery. This is one of our permanent exhibitions and here we try to give you an idea of the many different ways in which Australians have enjoyed their time by the sea: surfing, swimming, lifesaving clubs, that's all very much a part of Australian culture. At the end of this section we'll come to the Picture Gallery where we've got a marvelous collection of paintings, all by Australian artists. **Q18** I think you can buy reproductions of some of these paintings in the museum shop. Well worth a good look.

Now we're coming to the Members' Lounge. As a member of the museum you would be entitled to use the members' lounge for refreshments. Membership costs $50 a year or $70 for all the family. **Q19** So it's quite good value because entry to the museum is then free.

And down at the far end of this floor, you'll find the section which we've called Passengers and the Sea. In this part of the museum we've gathered together a wonderful collection of souvenirs **Q20** from the old days when people traveled by ship. You'll find all sorts of things there: old suitcases, ships' crockery, first class cabins decorated in the fashion of the day. Just imagine what it must have been like to travel first class.

Now I'm going to leave you to walk around the museum on your own for a while and we'll all meet back again at the Information Desk in three quarters of an hour's time. I hope you enjoy your time with us at the museum today. Thank you.

SECTION 3

Farouk: Hi, Martin. Hi, Maria. How are you getting on with your project? You've got to give the seminar on Friday, haven't you?

Maria: Hi, Farouk. We're getting on fine. It's just so interesting! Do you want to hear about it?

Farouk: Well, I've got ten minutes before my next lecture, so why not? Let's hear it!

Maria: Great. And it'll help us to sort out who said what, won't it Martin?

Martin: That's right. You know, what we've been looking at is research done by a number of psychologists from different parts of the world on intelligence quotients — how they've been rising over the last 50 years.

Farouk: Really?

Maria: Yes! Some psychologists have measured increases in intelligence of up to 25 points in one generation.

Farouk: Amazing. What's causing us all to get cleverer?

Martin: There's a political scientist from New Zealand called James Flynn. Well, he's a pioneer in this field, and he's found that people perform the visuo-spatial tasks in intelligence tests much better than they did 50 years ago. Partly he puts this down to people playing with their PCs and watching TV **Q21** — things like that.

Farouk: What about diet? Does that have anything to do with it?

Maria: Perhaps. Robert Howard, a Sydney psychologist, thinks that it does. Just as eating better has made children taller, their average intelligence has also risen. **Q22** He also says that parents are having fewer children, so they're able to pay more attention to them when they're small. It's fairly clear that stimulation in childhood has a positive effect on kids' intelligence. **Q23**

Farouk: IQ tests have verbal and numerical elements too. Have these also been improving?

Martin: Yes, but only moderately. It's the visuo-spatial element which has made the big difference and Flynn also suggests that modern activities like driving may play a part in this. **Q24**

Maria: There's a British researcher, John Rust, who has made the general point that modern life is much more complicated than it was fifty years ago. Our intelligence has had to develop in order to cope with it all. **Q25**

Martin: Remember also that far more children have the opportunity to go to school nowadays. Howard thinks that must be a leading factor in improved IQ test performance. **Q26**

Farouk: Well, yes, that would seem fairly obvious.

Maria: To come back to John Rust: he suggests that as science and knowledge develop, ideas become more complex. Well, the people who produce these ideas, the Einsteins and Hawkings are obviously highly intelligent people. But, he says, ordinary people's intelligence has also had to develop to cope with these new theories. **Q27**

Farouk: Are there any limits to intelligence or will the human race just continue to get cleverer and cleverer?

Martin: Er, actually, research in some Western industrialised countries such as Australia and some European countries suggests that intelligence rose quite steeply for 2 or 3 decades and then levelled off a few years ago. **Q28** Some pessimists think that quite soon we may see it beginning to dip — in some countries students seem to be less motivated than before. In that sense there may well be a limit to intelligence.

Maria: On the other hand, this rise in intelligence started to happen some years later in East Asian countries — the so-called Asian tigers — and it still hasn't levelled off. **Q29**

Farouk: Is higher intelligence what has caused exam results to improve here in Britain, do you think?

Maria: Well, that's rather a political question, so it depends who you ask, but you must remember that 30 years ago only about 5% of school-leavers here went on to university. But there's been a vast expansion of the university system, and nowadays about 30% of young people get a higher education. So I guess exams must have been getting easier for all those people to get in. **Q30**

SECTION 4

The topic I'd like to deal with this morning is what makes a good language learner. This is an eternal problem, and one to which there's no real solution. I would however like you to think about the situation of learners outside the classroom because in many ways it would be true to say that there are more people in the world who speak a foreign language or a second language who didn't learn it in a classroom than there are who did and I think this awareness of the success of out-of-classroom learning provides us with a key to how in-classroom learning can be successful.

Let us look then at the characteristics of a good language learner. I think motivation is certainly going to be very high on our list. Obviously there are different kinds of motivation; there is what we call instrumental motivation, **Q31** this is the kind of motivation which in theory persuades a school pupil to learn a language in order to pass an examination — it's external motivation, something which is imposed on the learner. The opposite of this is integrative motivation, **Q32** the kind of motivation which gets an immigrant in a country or someone who's married to a speaker of another language to master the tongue much more rapidly than someone learning in a classroom. **Q33** Arguably most people possess mixed motivation although it would appear from research that integrative motivation does give much better results, certainly as far as speed of learning goes.

Personality is obviously another major factor to be borne in mind — not necessarily, I'm not necessarily saying that you need — er how shall I say? — extroverts to learn a foreign language, but someone who has the confidence to make mistakes is always going to learn much more quickly than someone who is afraid to experiment. **Q34**

Intelligence isn't a factor, I feel, in language learning — I would prefer to use the term learning skills. Learning skills are those abilities which make one person progress at a much faster speed than the others; they include having a good ear, efficient revision, **Q35** being able to monitor your own speech, **Q36** suitable organization of learning generally. **Q37**

However, if we go back to our starting point, which was the great, the much greater number of speakers of languages who have learnt outside classrooms I think it gives us the key to what I believe is the most important factor, and that's independence. A learner who frees him or herself from the tyranny of the teacher and the classroom **Q38** and who makes use of twenty-four hours a day for learning, **Q39** who, in a word, accepts responsibility for learning, is always going to be not just a good language learner but the best. **Q40** Conversely, someone who won't accept this responsibility is always going to remain at what we call a plateau they've failed to make progress and blame their teachers. In reality it is themselves that they should blame.

Listening Test 3

SECTION 1

Estate Agent: Good morning, William's Estate Agents. Julie speaking. How can I help you?

John Taylor: Oh, hello, um, good morning. I'm new to the area, and I'm looking for a flat or a small house to rent. Do you deal with rental properties?

Estate Agent: Oh yes, we have quite a number of properties for rent. What area are you looking for?

John Taylor: Well, I've only recently moved here, so I don't have any definite area in mind, but I'm studying at the university, so I'd like to be within a reasonable distance of that.

Estate Agent: Is that Aston University, or Birmingham?

John Taylor: Birmingham. **Q1**

Estate Agent: Oh, OK, and what sort of thing were you looking for?

John Taylor: As I said, a flat or a small house — there's only me, so I don't need a lot of space. **Q2**

Estate Agent: One bedroom, then?

John Taylor: Probably two **Q2** — I'm doing a Masters degree, and I find it easier to work at home, so I'd like to have an extra room for a study.

Estate Agent: Do you want a garden or a garage?

John Taylor: No, not really. A garden would be nice, but it's not essential ... oh, and I don't have a car.

Estate Agent: And what sort of price were you looking to pay?

John Taylor: I don't really know what price properties go for around here, but I guess my limit would be around £500 a month.

Estate Agent: Well, I've got a couple of things here that might suit you. There's a ground floor flat that's within walking distance of the university, in Edgbaston and a flat in Moseley which is on the, er, third floor. **Q4**

John Taylor: Sorry, did you say Moseley? How do you spell that?

Estate Agent: M-O-S-E-L-E-Y. **Q3**

John Taylor: Thanks. Is that far from the uni?

Estate Agent: No, not very far, and there's a direct bus there, which runs pretty frequently, I think. Moseley's a nice place to live, too.

John Taylor: Are they furnished?

Estate Agent: The one in Moseley is fully furnished, but the other one isn't. **Q5**

John Taylor: How much are they?

Estate Agent: The one near the uni is £480 per calendar month.

John Taylor: OK. And how much is the flat in Moseley?

Estate Agent: That's £520 a month. **Q6**

John Taylor: That's a bit more than I want to pay.

Estate Agent: I know, but it's a really nice flat. I think you should have a look at it.

John Taylor: Does the rent include any bills?

Estate Agent: All of our properties have water rates included, **Q7** but gas, electricity and phone — they're your responsibility I'm afraid.

John Taylor: OK. When can I view these places?

Estate Agent: When is convenient for you?

John Taylor: I'm pretty flexible and I'd really like to find somewhere quite soon.

Estate Agent: How about this afternoon?

John Taylor: Great.

Estate Agent: Why don't we meet at the Moseley flat, and have a look at that, and then we can go on to the other one afterwards.

John Taylor: Good. So what's the address?

Estate Agent: Have you got a pen? Good. It's 375 Greenfield Road, that's G-R-E-E-N-F-I-E-L-D all one word, road and it's just off the High Street. **Q8** Meet me outside the front door and I'll take you up to the third floor to see the flat.

John Taylor: Fine.

Estate Agent: Have you got a mobile phone number, to in case anything goes wrong?

John Taylor: Of course. It's 0791 357629. **Q9**

Estate Agent: Sorry, did you say 619?

John Taylor: No, 357629. Great. Well, I'll see you there at, um, would three o'clock be OK?

Estate Agent: Oh, I'm sorry, I've actually got an appointment with another client at three. Could we make it 4:15? **Q10**

John Taylor: Yes, that's fine.

Estate Agent: Good. 4:15, it is then, Mr...

John Taylor: Taylor —John Taylor.

Estate Agent: I'll see you then.

SECTION 2

Good morning viewers. Today on "World in Focus" we take a look at the small but fascinating country of Estonia. Can you see it there to the right of your screen? Located on the eastern shores of the Baltic Sea — west of Russia, and to the north of Latvia — Estonia is a mere 45, 227 square kilometers in size, **Q11** which is, let's say, three-fifths the size of Scotland. **Q12** The country is divided into 15 counties, 207 rural municipalities, and only 47 towns. The official population is 1,462,130, made up mostly of native Estonians (64.2%), **Q13** followed by Russians (28.7%),

Ukrainians (2.7%), and Belarussians, Finnish and others (4.4%). The capital, Tallinn, in the northwest, as you can see, quite a beautiful city, has a population of just 420,470. **Q14** We'll be back with a further look at this extraordinary nation. Stay tuned.

Welcome back. Estonia is a rather flat country the highest point is just 318m above sea level. It has over 1,500 islands and more than 1,400 lakes. **Q15** The chief industries are the manufacture of agricultural machinery and electric motors. **Q16** Chief crops? Grain and vegetables. **Q17 & Q18** Ok, now, you're probably thinking — why don't we know more about Estonia? Well, it could be because the country only gained independence from Russia in 1991. Each year, it celebrates its Independence Day on February 24th. The constitution guarantees fundamental human rights, and Estonia, nowadays, is, in fact, a democratic parliamentary republic. **Q19** The currency is the Estonian Kroon, worth one eighths of a German mark, or about 4.5 pence. The official language is Estonian, but, given that the nation shares a border with Russia, it's no surprise that a great many people speak Russian. And so, for the weather in Tallinn today. Estonians enjoy a mild climate in summer, **Q20** and can expect partly cloudy skies and a top temperature of 61 degrees Fahrenheit, that is 16 degrees Celsius. Back to the news.

SECTION 3

ASTRID: Henry, don't you think Dr Adams' lecture was really very good? He could talk about the telephone directory and make it interesting. **Q21**

HENRY: All his lectures are like that, Astrid. He's just one of those people. I wish we had him as our tutor.

ASTRID: I bet you that he is very demanding, though. Boris is in his tutorial group and agrees that he is a brilliant lecturer, but he puts them under a lot of pressure.

HENRY: Mmm, but don't you think that's good?

ASTRID: Perhaps, but I am glad to have Dr Adams as a lecturer. He's interesting and rather funny and puts just the right amount of pressure on people.

HENRY: Did you take lots of notes in the lecture?

ASTRID: Yes, actually I did; in fact, several pages. I didn't think I had taken so many. **Q22**

HENRY: I was that busy listening to what was being said that I didn't take many notes. Can I photocopy yours? **Q23**

ASTRID: I don't think that's such a good idea. You won't be able to read my handwriting and sometimes I write them in English and sometimes in Arabic. **Q24**

HENRY: Oh, let's have a look. Wow! Your notes are so neat. There's not much Arabic.

ASTRID: There is on this page.

HENRY: Yes, there is. Dr Adams would be pleased to see this, especially given what he was talking about.

ASTRID: Don't you keep careful notes?

HENRY: Sometimes. It depends on the lecture. I don't think I'll forget Adams' lecture today, but some of the detail will fade.

ASTRID: I type up everything afterwards so you can have a copy then and you can fill in anything I have missed. I am not so good on the broader concepts. I am better when it comes to detail. **Q25**

HENRY: Just what Adams was talking about!

ASTRID: Well, I am definitely a detail person. I need to have everything written down before I can get the concepts clear in my head.

HENRY: And I am the complete opposite. I find all the detail clutters up my mind and I get very frustrated, which was just what he was on about. He mentioned a book he had written.

ASTRID: He mentioned several.

HENRY: The one on space and the individual. **Q26**

ASTRID: Yes, called My Space. It's on the book list.

HENRY: So it is. I think I'll get that out of the library or get my own copy.

ASTRID: Did you get what he said about spatial awareness? I didn't really.

HENRY: Yes, it was fascinating. I can't be as eloquent as Adams was, but I know several people who are frighteningly intelligent, but they have difficulty reading simple directions, **Q27** even when getting to places that they know very well.

ASTRID: I find that difficult to understand. Everyone learns their way to talk to the shops and things like that.

HENRY: You mean just the way people learn spelling! You know people misspell words, make mistakes in countless areas of their lives, and going in the right direction is just the same. Remember what Adams said about the number of people who cannot tell left from right, north from south and so on. Do you know which way is north?

ASTRID: It's … mmm … that way.

HENRY: You see, I couldn't have told you that.

ASTRID: Really?

HENRY: I haven't a clue which way is which. That's why I am always getting lost when I go out on my bike. And put me in a completely new place and I am totally lost.

ASTRID: What about maps?

HENRY: I'm hopeless at reading them. **Q28**

ASTRID: But then you're brilliant at writing essays and getting all the ideas down in the right order and I don't know where to start! **Q29 & Q30**

HENRY: Again, just what Adams was talking about! What we need to do is combine our skills: you teach me to cope with detail and I'll teach you how to string concepts together.

ASTRID: Okay, we can do that.
HENRY: Which way is the library?
ASTRID: It's ... You're making fun of me!

SECTION 4

Good morning everyone and welcome to this further education lecture on marine biology. Today we are going to look at the coelacanth. The discovery of the coelacanth has been compared to finding a dinosaur walking around today over 85 million years after it went extinct.

The story began a few days before Christmas in 1938 when the first living coelacanth was discovered off the east coast of South Africa, at the mouth of the Chalumna River. The fish was caught in a shark gill net by Captain Goosen **Q34** and his crew who, recognising the bizarre nature of their catch, alerted the local museum in the small South African town of East London. The Director of the East London Museum at the time was Miss Marjorie Courtney-Latimer after whom the Coelacanth was eventually named. Miss Courtney-Latimer offered bounties to fishermen for unfamiliar fish. **Q32** It was Miss Courtney-Latimer who alerted the prominent South African ichthyologist Dr J.L.B. Smith, who initially identified the fish, **Q31** and subsequently informed the world about this amazing discovery. This first coelacanth led to the discovery of the first documented population, off the remote Comoros Islands, between the mainland of Africa and Madagascar. For 60 years this was presumed to be the only coelacanth population in existence.

Originally it was a concern that the Coelacanth might have a very limited range and that overfishing along the Comoros Islands might wipe it out. However, scientists were amazed when, on July 30th 1998, an American scientist discovered a Coelacanth population in Indonesia. Dr. Mark Erdmann was on a honeymoon trip to the area investigating a coral reef research site when he spotted a strange fish being wheeled into the fish market. He recognized the fish as a coelacanth and snapped a picture before it was sold. **Q33**

Dr. Erdmann's subsequent research revealed that the people from Sulawesi had a name for it, raja, "king of the sea". The Sulawesi coelacanth colony is about 10,000 km east of where the Coelacanths were previously known to occur in the Western Indian Ocean. **Q35**

Both Sulawesi and Comoros coelacanths are quite different from all other living fish. But perhaps the most interesting feature of the Coelacanth is that it has paired, lobed fins, which move in a similar fashion to our arms and legs. Coelacanths also have an extra lobe on their tail and a vertebral column that is not fully developed. They are the only living animal to have a fully functional intercranial joint, a division that separates the ear and brain from the nasal organs and eye, and allows the front part of the head to be lifted when the fish is feeding. The brown Sulawesi coelacanth and the steel blue Comoros coelacanth share these unusual characteristics. **Q36**

The discovery of the Coelacanth in 1938 is still considered to be the zoological find of the century. This living fossil comes from a lineage of fish that was thought to have been extinct since the time of the dinosaurs. Coelacanths are known from the fossil record dating back over 360 million years, and peaked in abundance about 240 million years ago. **Q37** Before 1938 they were believed to have become extinct approximately 80 million years ago, after mysteriously disappearing from the fossil record.

How could the Coelacanth disappear for over 80 million years and then turn up alive and well in the twentieth century? The answer seems to be that fossil Coelacanths appeared to live in environments with clay sedimentation with plenty of volcanic activity. Modern coelacanths, both in the Comoros and Sulawesi inhabit caves and overhangs in vertical marine reefs, at about 200m, environments not conducive to fossil creation. **Q38**

In 1991 scientists got a better understanding of the fish when the Comoros got their independence from France and French restrictions on research were lifted. **Q39** This allowed scientists to study the fish off the Comoros Islands. As the animal hides in underwater caves some 300 to 700 feet down during the day and comes out at night to feed, diving is not an option and previously only fishermen's specimens had been available for study. But this time the scientists had their own submarine so they could study the coelacanth in its natural habitat through portholes. **Q40**

Listening Test 4

SECTION 1

Woman: Hi. Bellingham Real-Estate Agents. Could you hold, please?

Man: OK.

Woman: Sorry about that. What can I do for you?

Man: Yeah. I'm looking for some tenants for my house and I was hoping you could advertise it for me.

Woman: Sure. No problem. Is it here in Vancouver?

Man: No, it's just outside in Richmond.

Woman: Very nice. It's a house, you say?

Man: Yes. It's a family house, it's er two-storey, quite modern. **Q1**

Woman: Right. And you're wanting to rent out the whole place, is that right?

Man: No, no, just two rooms are for rent — that's two bedrooms plus the use of the rest of the house — it would really suit a couple of students.

Woman: Ok. Can you just tell me the address, please?

Man: Yeah sure, it's 3281 Number One Road, Richmond. **Q2**

Woman: Ok, that's quite a way out. And how much were you thinking of for these rooms?

Man: I thought $700 per room would be a pretty fair price. **Q3**

Woman: Is that per month?

Man: Sure.

Woman: Ok. You'd get at least a thousand if you were in Vancouver.

Man: Yeah, I know.

Woman: Hum. Any other costs?

Man: Er, just the cleaner who comes in once a week.

Woman: Cleaner, OK. And how much would your tenant have to pay her?

Man: Him, actually, it's a guy and … er … that would be another $30 a month.

Woman: OK, and it's nice? I mean it's got a view and things?

Man: Sure, it looks out over the ocean. **Q5** No garden, but there's lots to look at from the lounge.

Woman: OK, and your name is?

Man: Peter Truboise. **Q6**

Woman: Truboise — is that B-O-Y-S?

Man: No, it's T-R-U-B-O-I-S-E.

Woman: Truboise. Nice name. And your address?

Man: It's the same one as I just gave you.

Woman: Fine, as above. Got a phone number you can give me?

Man: Sure. I'm calling you from it. It's 60474106.

Woman: And a cell?

Man: Yup. That's 903 2773987. **Q7**

Woman: Good. Now let's get down to the serious stuff. What have you got in the kitchen? A fridge, of course.

Man: Yes, a fridge, and there's a dishwasher. **Q8**

Woman: Got facilities for washing clothes?

Man: Yeah. A washing machine in the basement. And a dryer too.

Woman: OK. Gas or electric stove?

Man: Electric, and there's a microwave as well. **Q8**

Woman: Fine. Now what about the house? Anything worth mentioning?

Man: Sure-there's a room for playing ping pong and pool. **Q9**

Woman: Great and how's it heated?

Man: It's got central heating but no fireplace. **Q9**

Woman: That's too bad. I like an open fire in winter, air conditioned?

Man: No.

Woman: No conditioning. I suppose you've got a TV?

Man: Sure.

Woman: Cable?

Man: Er, afraid not. I've never gotten around to putting it in.

Woman: Fine. What sort of tenant are you looking for students, you said?

Man: That's right. Although it's quite a way from the university, I guess they'd need a car.

Woman: That's true. Still, there's a shopping mall just a block away — I'm looking at a map right now. **Q10**

Man: Yup, just a small one — no movie theaters or anything like that. We're right by the beach though and that's something.

Woman: Sure. Especially in this weather. I wish I was there myself! Any other entertainment in the area?

Man: There's a cocktail lounge on the corner and a couple of hamburger joints. You'd have to go downtown for a movie though. Oh, and Boyd Park is only a couple of hundred yards away. **Q10**

Woman: OK Mr Truboise, I'll post this up for you and I hope you have some luck.

Man: Thanks, bye.

Woman: Bye, and take care.

Man: Sure, thanks.

SECTION 2

PRESENTER:

And now for our Mystery Personality of the week and your chance to win one of our fabulous prizes. Last week's competition generated a huge response and the first five answers pulled out of the bag will receive £100 worth of sports clothes vouchers. And if you didn't win last week, here's another chance. And this week's prize is even bigger. We are giving away ten prizes of £250 worth of book, music and clothes vouchers to mark the first anniversary of the show on the air, so get your pens ready to take down the address details. Just write the name of the person you think is our Mystery Personality and send it to Mystery Draw at the address Marcia will give you in just a second. The address will be repeated at the end of the show for those of you who didn't get it. And so it's over to Marcia who will tell you a few tantalizing details about our mystery person this week.

MARCIA:

Thanks, Mike. Well, here goes. Our mystery person this week is a very well-known footballer who plays for a famous club, and has also played for his national team. **Q11, Q12, Q13 & Q14** He is very talented and is enormously popular, especially for the part he played in a famous football victory. And two clues: he hasn't got a famous wife and he speaks French. **Q11, Q12, Q13 & Q14** If you think you know who it is, then pop the answer on a postcard and send it to Mystery Draw, PO Box 5110, London SE15LE. That's PO Box 5110. And please don't forget to write your name and address, too. And now, it's back to Mike.

PRESENTER:

Thank you, Marcia. Get those postcards in and make this a bumper anniversary draw. Now, if you remember, last week on the show we talked to the organizer of a new group set up to help young people up to the age of 20 **Q15** to get involved in activities like horse-riding, tennis, scuba-diving, cycling or any form of sport which involves some kind of expense. **Q16** John Tebbit, the organizer, rang us to say that the response to his appeal on the show was staggering. A large number of people both young and old have offered their services free as volunteers. **Q17** The whole thing has been overwhelming. John said that they had also had numerous offers of help throughout the country to use facilities free of charge. **Q18** As if that was not enough, they have received many donations, including several rather large gifts of more than £5,000! **Q19** On behalf of John Tebbit and also of those who will benefit from the generous gifts to the trust, I would like to say, thank you.

This week we are going to talk to a very unusual athlete indeed. Patrick, who is 20 years of age, has been wheelchair-bound for the past five years after a motorcycle accident left him paralysed from the waist down. **Q20** This has not stopped this young man from getting out and about. He's an inspiration to all of us. Patrick has excelled in archery, beating the best in the field; so much so that he has won sponsorship from leading sports manufacturers which has now enabled him to devote more time to perfecting his skills. So, I would like to introduce you to Patrick, who is going to tell us what this sponsorship means to him.

SECTION 3

DR: So, Pamela, here's your essay. And Carl, you've already got yours back. Anything you want to ask or any comments?

CARL: Can you just go over again for us how the marks for our essays go towards our final grade? **Q25**

DR: Well, mmm, over the year you are meant to write five main essays for this course. **Q21**

CARL: Yes.

DR: And each essay's marked out of 20, which gives you a total of 100 marks.

CARL: Yes?

DR: This course work makes up 50% of your marks for the year, with the other 50% coming from the written exam. **Q22**

CARL: Right. So the five essays contribute to 50% of our final grade for the year.

DR: Yes.

CARL: You gave me 18 out of 20 for this essay, which gives me a total of 9% towards my final grade for the year. **Q23**

DR: Mmm, and …

PAMELA: And with 14 for the last one, I've got 7%. **Q24**

DR: Yes, Pamela. Does that clarify it?

PAMELA: Yes.

CARL: Mmm. Yes.

PAMELA: We did have it explained to us at the beginning of the course.

CARL: When?

PAMELA: In the first tutorial.

DR: Okay. I think we had better move on now. About your last essay, have either of you any questions or comments?

CARL: You gave me 18 for this paper. What was the big difference between this piece and the previous one? I actually thought the first one was better!

DR: Well, there was quite a marked difference.

CARL: Really?

DR: Yes. It looked as if you had actually done quite a bit of research. You had quite a lot of relevant examples, especially on the historical side. **Q26** You even found some information that I was not even aware of! Your sources were also very sound. And on top of that, your answer was very well organized indeed and the writing style was very elegant. **Q27**

CARL: Oh. Thank you very much!

DR: I must say that it was the best piece of writing for a paper that we've seen for quite some time.

CARL: I have to say, though, it took me a very long time to put it together.

PAMELA: How long?

CARL: At least two weeks.

DR: But it was well worth it.

CARL: Can I just ask you if it is possible to rewrite the first essay of the term? **Q28** It's really brought my average down.

DR: I'm sorry, but it's impossible. **Q28**

CARL: Is there no way to do it?

DR: I'm afraid not.

CARL: Okay. Right. I'll just have to try to do better than average on the others.

DR: And Pamela?

PAMELA: Well, to be honest, on the whole I am happy with my marks.

CARL: Again, your research was very good. And you gave quite a long list of source material, which was very good.

PAMELA: I spent quite a lot of time on this essay, more than the others.

DR: Well, again, it shows.

PAMELA: What about the organization? I was a bit worried about that.

DR: Your organization, I have to say, was excellent. **Q29**

PAMELA: Oh!

DR: But as regards your style …

PAMELA: Yes?

DR: It is slightly too informal here and there. I think you need to tighten this up a little.

PAMELA: Mmm, okay. I only wish I'd put a bit more effort into the first one as well now. But I would like to know how I can get my marks up even higher. What do I have to do, specifically?

DR: Well, your work could do with being more thoroughly checked. You have quite a few spelling mistakes.

PAMELA: Yes, I know. If it's anything. I think it's the computer.

DR: Mmmmm?

PAMELA: Well, I am not very good at typing, two fingers really, and when I finish something like this I find it difficult, even depressing, to go over it carefully again.

DR: But it's affecting your marks.

PAMELA: Mmmmm.

DR: Your previous essay was much better than this one. **Q30** Sometimes, it's difficult to follow what's being said because of the frequency of mistakes. A couple of years ago the university authorities would have been more lenient. But now they are very hot on presentation and have been coming down heavily on things like grammar and spelling.

PAMELA: Mmmmm.

DR: In fact, I am obliged to deduct marks from every piece of work which is not handed in fairly free of mistakes.

SECTION 4

Good morning ladies and gentlemen. Today's topic in our series of lectures on the stages of the production process is quality control. Some people believe that an effective quality control system amounts to an inspection of the finished product. This morning I intend to prove to you why those people are mistaken.

The main drawback with a finished product inspection is that it is an "after the act" operation. No amount of inspection can make bad work good. **Q31** For this reason most large-scale manufacturers consider quality control to be an ongoing process. The advantages of this are considerable. It cuts wastage, **Q32** it saves time, **Q33** as no hours are lost on work done, on already defective items, and perhaps most importantly it is easier to detect a fault, when the product is still at the component stage.

So when should quality control begin? Well, usually with the raw materials. If the materials are of sub-standard quality there is no point in processing them. More to the point, sub-standard materials can be returned to the company at no cost to the manufacturer. Although these benefits seem obvious, you might be surprised to know that only 87 per cent of large firms and 62 per cent of small firms have a standard raw material inspection procedure. **Q34** For the same reasons it is a good idea to test components before assembly takes place. Equally, it may be valuable to test components brought in from another company.

In many manufacturing processes it is useful to carry out some forms of quality control on products while they are still being manufactured. It is often easier to check individual components before assembly takes place. Equally, it may be valuable to test components by their function. I suppose the bottom line is that every product and every company has its own requirements and the quality control program should be arranged accordingly.

The next question that needs to be asked is "what are we testing for"? Again this depends on the product. An expensive car has different requirements from a cheap plastic toy. However, in both cases the most vital testing is for safety. **Q35**

An increasingly common reason for testing these days is environmental impact. As the public becomes more and more concerned about green issues, it is becoming more and more important to measure a product's effect on the environment. This testing must assess the impact of both the product itself and the manufacturing process. **Q36**

This brings me to my next point — standards. Of course standards imposed vary greatly from country to country and industry to industry. However, 87 per cent of all companies in companies in Australia do have written quality controls set out; 80 per cent of these are developed within the firm. These standards are nearly always based on guidelines set out by one of the major control boards. Sixty-five per cent of these companies have adopted standards in line with SAA (Standards Association of Australia), **Q37** while a further 22 per cent use standards set up by individual trade or industry associations. Only 23 per cent of firms have a set of standards which adhere to international requirements. **Q38** This 23 per cent represents some of Australia's major exporters.

So who is responsible for quality control? Well again there is no one answer. Companies place different levels of importance on quality control. A recent survey tried to find out who usually takes responsibility. While 56 per cent of middle management and 26 per cent of quality control personnel oversaw this function within their company. **Q39** It seems that most manufacturing industries see quality control as a middle management task.

The final thing I want to do this morning is to consider the effect of releasing undetected low-quality items. The manufacturer stands to lose a great deal:

- through direct loss of customers
- throughpossible further loss of customers and goodwill when "word gets around" that the quality standards unreliable **Q40**
- through the cost of dealing with and compensating the customer who has complained **Q40**
- through the need to maintain higher replacement stocks and a large repair force.

In conclusion, quality control is a vital part of the manufacturing process, helping to ensure that Australian products remain competitive in the market place.

Listening Test 5

SECTION 1

Farida: Hello. I was wondering if you could help me.

Travel Agent: Sure. What can I do for you?

Farida: Well, actually I would like to book a flight to Cairns.

Travel Agent: Alright. All of our computers are down at the moment, so I will have to take down your details on one of these Flight Booking Request forms and then book the seat later today. What's your surname?

Farida: Rusdi. That's R U S D I.

Travel Agent: And your first name?

Farida: Farida. That's spelt F A R I D A. **Q1**

Travel Agent: Let me check that. You said FARITA?

Farida: No. FARIDA!

Travel Agent: And you said you wanted to go to Cairns right. That's CAIRNS … okay. **Q2** Now, when do you want to go?

Farida: Well, I want to leave on the evening of the 14th of April and come back on the 21st. **Q3** I start university again on the 22nd you see, so I want to be back here in Sydney the day before.

Travel Agent: Uh huh. What airline do you want to fly with?

Farida: Australian Airlines are the cheapest right now, aren't they?

Travel Agent: They sure are. They also give a small discount to students with international student cards — five percent if I'm not wrong. So altogether the ticket should cost you around ... $380.

Farida: That's great. Australian Airlines it is then.

Travel Agent: Of course, I'll have to check that there is a flight on those dates and that there are still seats available, but there shouldn't be any problem. I assume you want to fly economy class. **Q4**

Farida: That's right. Business class is a bit out of my price range.

Travel Agent: Okay, you'll have to pay for that at least ten days before the flight. Could you tell me how you will be paying for the ticket?

Farida: Actually, I wanted to pay now if it's okay. Do you accept cheques?

Travel Agent: No, I'm sorry. We only take cash or credit cards.

Farida: Oh. In that case I'll have to come back and pay in cash later. **Q5**

Travel Agent: No problem. One last thing though. I need a contact number so I can reach you if there are any problems.

Farida: Okay. Probably the easiest place to contact me is at home. The area code is 02, of course, and the number is 276 6936. **Q6** It's probably best to call me in the afternoon — after 4 o'clock is the best. I'm usually not home before then.

Farida: I guess that's about it then ... Oh yes, I was wondering if I could also organize a place to stay through you.

Travel Agent: You sure can. What kind of accommodation are you looking for?

Farida: Well, I'm a student. So, as you can imagine, I won't be staying in a five-star hotel or anything like that. To tell you the truth, I was hoping you could suggest a place for me to stay... somewhere nice but not too pricey, you know. Maybe $20 a night.

Travel Agent: Hmmm. Finding cheap accommodation can be a bit of a problem in popular resort towns like Cairns. Just let me check my Queensland accommodation directory. Okay, yes. It looks as though you only have two real choices if you want something that inexpensive. There are two youth hostels in the town center — I'm sure you could find a place there. Unfortunately these two hostels don't let you book in advance, so you just have to book a bed or room when you get there I'm afraid. Your other choice is to stay in a caravan. I can reserve a caravan site for you if you like.

Farida: Yes, I don't like the sound of staying in a hostel. Those places are always so small and cramped. You get no privacy and the person in the bed next to you always seems to be a snorer. But staying in a caravan doesn't sound bad. I think that's what

I'll do.

Travel Agent: Okay, there are many caravan parks to choose from, but there is one that I can personally recommend. It's called the White Sands Caravan Park and it's right across the road from the beach just down at the south end of town. **Q7** The owner is very friendly and it never gets crowded like the other places.

Farida: Fine.

Travel Agent: And you said you would be gone from the 14th until the 22nd right?

Farida: No, no, I need to come back on the 21st. I will start university again on the 22nd, so that's just under a week … six days. **Q8**

Travel Agent: Okay, just let me write that down. Right.

Farida: Also, I was wondering if you know anything about the kinds of things I can do in Cairns?

Travel Agent: You probably know that Cairns is the place many people go to if they want to go diving on the Great Barrier Reef — the coral and marine life there are just magnificent. **Q9** But, if you're not into diving you can also view the reef from the safety of a glass-bottomed boat. Or you can just relax and soak up the sun and then walk along the beach in the evening and admire the sunset.

Farida: Hmmm. Well, thanks for that. Do you mind if I take one of these brochures with me?

Travel Agent: Not at all. I'll call you when I book your flight and accommodation. Oh … there is one small thing I should warn you of — I wouldn't go swimming at the beach if I were you. Cairns has stingers. **Q10**

Farida: Stingers? **Q10**

Travel Agent: Yes, box jellyfish. **Q10** They're a real problem in northern Australia. One sting from a box jellyfish can kill you. They do have special nets around some beaches in Cairns to keep them out, but I still wouldn't suggest that you go in the water. Some stingers are small enough to slip through the nets.

Farida: Thanks. I'll remember that. Now I guess all I have to do is go and buy some sunscreen and a beach towel.

Travel Agent: Sounds like a good idea. Bye.

Farida: Bye.

SECTION 2

Hello for those of you who don't know me — which is probably most of you — my name is Bob Dobson. I am the coordinator of the International Office. You will be seeing a lot more of me over the coming months. I am the one you should come to if you have any problems of a practical nature. If you need help in getting a visa extension, for instance, then I'm your man.

So, on behalf of the university I would like to welcome you to Perth. Since, I presume most of you have never been to our lovely city before I will begin by telling you a little about it.

Perth is actually a very young city which sits on the north bank of the Swan River. **Q11** I'm sure many of you have already seen it. Less than 200 years ago the entire city centre was an undeveloped wetland. **Q12** Perth was founded by the British as the Swan River settlement in 1829, **Q13** although the Dutch had visited other parts of the state much earlier. It grew quite slowly in the beginning, mostly because it was so isolated. There were constant problems with communications and labour was always in short supply. Then in the 1890s gold was discovered in Western Australia and Perth boomed. **Q14**

Anyway, there are now around 1.4 million people living in Perth and it's suburbs. **Q15** The city itself has sprawled in all directions and it will take you months to see it all. It stretches from the Darling Ranges — a chain of hills — in the east, to the Indian Ocean in the west. It has swallowed Perth's southern sister city, Fremantle and almost reaches the small township of Yanchep in the north.

The first thing you will probably want to know is how to use public transport. Well, you'll be glad to hear that Perth's trains and buses are very efficient and quite cheap. With a student concession, the average fare is about seventy cents for both buses and trains. Although the trains are much quicker than the buses their service is a little limited, since they only run on four lines: from the city to Fremantle in the southwest, Midland in the west, Armadale in the southeast and Currumbine in the north. Certainly, most of you will find buses to be a far more convenient way to travel around. Buses go everywhere and run every day — even on public holidays. **Q16**

No doubt most of you have already taken the opportunity to explore the shopping malls in the city centre. But perhaps the first thing you should do after you finish shopping is to catch the bus up to King's Park. King's Park is a huge area of natural bushland on a hill to the southwest of the city. It overlooks the town centre and river, and really does have the best view in Perth. **Q17** Many people take a picnic lunch and spend the day up there. The wildflowers are wonderful in spring.

As some of you may know, Western Australia is famous for its wines. Wine tasting in the Swan Valley has become quite a popular pastime for tourists and locals alike. But if you're planning to go wine tasting you will probably need your own transport. Most people in Perth get around in cars — the city is just too big to travel about in any other way without wasting a lot of time or money. It's possible to visit some of the bigger vineyards on many of the riverboat cruises that go up and down the river every day. **Q18 & Q19** This is certainly a very comfortable and pleasant way to see the valley but you pay for what you get and, as I said before, you can save yourself a lot of the expense by finding your own transport. Also, this is the only way you can taste at many of the smaller places.

You could also take a ferry to Rottnest Island which the Dutch named "rats nest" when they saw what they mistakenly thought were big rats there. Actually, the animals were the small marsupials unique to the island, called quokkas. <u>The trip to Rottnest only takes a little over half an hour from the city and it's a great place to relax in summer</u>. **Q20** The beaches are beautiful.

Of course, there are many other interesting things to do. One of my colleagues should be coming around to you shortly with an information package. This contains a number of brochures and information leaflets about Perth and the university as well as public transport. It also contains a directory of useful telephone numbers. If you have any questions please don't hesitate to ask myself or any of the other staff from the International Office.

And now perhaps I should tell you a little bit about the university itself …

SECTION 3

Balvir: Hi Andrew. How's your new course going?

Andrew: <u>Biology</u>? **Q21** It's great — much better than Chemistry. I'm really glad I swapped.

Balvir: What are you up to?

Andrew: I'm trying to get prepared for the Biology presentations tomorrow.

Balvir: Have you finished? I've got to do one for Business Studies, next week.

Andrew: Well, sort of. I'm still struggling with which order to put things, but I know what I've got to say.

Balvir: What's it about?

Andrew: It took me ages to come up with a topic, but finally, I decided to look at an example of selective use of pesticides on crops.

Balvir: Wow, that sounds impressive! What does it mean, exactly?

Andrew: Well, you know that farmers use all sorts of chemicals on their crops, and a lot of them are for killing insects. A lot of the insects are a problem, they reduce yields and cause blemishes on the crops.

Balvir: Like spots on apples, you mean?

Andrew: Yes, exactly like that — <u>or cotton is a good example</u>. **Q22** If it has any insects in it, or if they have damaged it, it's worth a fraction of what the farmer can get if it's perfect. It makes a huge difference to his profit margin. <u>Of course, the down side to chemicals is that they're expensive, so that cuts into the farmer's profit too, but not as much</u>. **Q23**

Balvir: <u>So, the farmer wants to kill all the insects</u>? **Q24**

Andrew: Yes, and no. In most cases, that's what happens. The farmer sprays an insecticide, a chemical that kills everything.

Balvir: So what's the problem?

Andrew: The problem is that some of the insects that are in the field are beneficial to the farmer — maybe they eat the harmful bugs, or maybe they help to pollinate the crop, or something like that. **Q24**

Balvir: Mm.

Andrew: And so, the problem for the farmer is that they want to be able to kill insects selectively.

Balvir: Is that possible?

Andrew: It is, but it's difficult. I found this one example that I really liked, and that's what I want to talk about in my presentation. It's so clever.

Balvir: OK, so tell me about it. You can practise for tomorrow.

Andrew: Well, it's an example from a farmer with fruit trees. Think about the kind of insects that you don't want on fruit — all of the ones that crawl about — caterpillars, snails, that kind of thing.

Balvir: Beetles?

Andrew: No, usually they're OK. The ones that you do want all have wings — bees, wasps, butterflies, most beetles too. **Q25, Q26 & Q27**

Balvir: Yeah, so how can you kill one lot and not the other?

Andrew: This is where it's so clever. The farmer paints a ring of insecticide around the trunk of the tree. **Q28**

Balvir: But won't that kill everything?

Andrew: Only any insects that touch it. Now the farmer sprays the tree with a natural pyrethrum.

Balvir: A what?

Andrew: Pyrethrum — it's a kind of insecticide made from flowers. **Q29** It doesn't really kill insects, it just stuns them so that they fall out of the tree.

Balvir: All of them?

Andrew: Yes, all of them. Now the insects with wings — the good, useful insects — they will just fly back up to the tree afterwards, but the crawling insects will try to get up the tree trunk, and will come into contact with the other insecticide, and die. **Q30**

Balvir: Wow, that's clever. I think that should work well for your presentation tomorrow.

Andrew: I hope so. I'm going to talk a bit about insects becoming immune to insecticides too.

Balvir: Well, good luck. I'm sure it'll be a really interesting talk.

SECTION 4

Right, today we're going to consider emblematic buildings, that is, buildings which are closely associated with the city where they're situated and which almost represent the city to the outside world. You know, if you think of Athens, you think of the Acropolis and the Parthenon, or for Sydney you think of its Opera House.

Recently, a lot of other cities round the world have been following the example of Sydney and putting up emblematic buildings — Bilbao for example, in Northern Spain, opened its own Guggenheim Museum in 1999. This houses an important collection of modern art and attracts a million visitors to the city every year. **Q31** In other cities, modern additions to existing buildings have proved a tremendous attraction, as is the case of the glass pyramid in front of the Louvre in Paris **Q32** — a museum which gets about 5 million visits a year. This is only surpassed by Paris's other emblematic building, the Ethel Tower, with 6 million.

Projects of this type can make a big difference to a city. Let's take the example of Valencia, a city in Eastern Spain. Relatively few people used to visit Valencia some years ago — in 1992, it received only 75,000 tourists. However, its city authorities embarked on an extremely ambitious project to create a City of Arts and Sciences and, when it opened in 2001, its futuristic Science Museum **Q33** received no less than 4 million visitors in the first year.

The effect of these buildings is tremendous, and even cities in relatively poor countries are doing the same thing — just look at the new library **Q34** in Alexandria in Egypt as an example.

These emblematic buildings bring many more visitors to their cities, but that's only one of a number of benefits that arise. In Valencia, the City of Arts and Sciences breathed new life into a depressed industrial area of the town, **Q35** and this has now become a prime residential zone as well as a tourist attraction. The effort and vision which goes into completing a project like this also has the effect of enhancing the city's image. **Q36** Previously, if people thought about Valencia at all, it was seen as a provincial backwater whereas now it sticks in people's minds. Valencia's progressive and energetic. The City of Arts and Sciences has put Valencia on the international map and that brings in plenty of new investment from outside **Q37** as people realise what excellent business opportunities the city offers.

Nowadays, the competition amongst cities to attract attention from tourists, politicians and business people is fierce, and in Valencia they realised that it's not sufficient to have just one emblematic building which will serve for a single short visit. For this reason they've built an entire complex of buildings.

Looking at the next slide, which shows a plan of the City of Arts and Sciences, you'll see what I mean. You park your car in a building which amazingly has a garden with palm trees and sculptures on its roof. **Q38** You go down some steps and in front of you, you're faced with the colossal Science Museum with its huge white arches. This, and the combined planetarium and large screen film theater **Q39** nearby are surrounded by artificial lakes, and from a distance they appear to be floating on water.

The effect is magical as the whole complex is built in shining white concrete which reflects in the water. Further along, beyond the planetarium is the new opera house and theatre complex, **Q40** which from a distance looks like a vast ship. In the opposite direction, they've built the equally breathtaking oceanographic park, which is the largest in Europe and features, amongst other things, an underwater restaurant.

Listening Test 6

SECTION 1

Doctor: Good morning.
Martin: Morning.
Doctor: Come in. Sit down. Now, you're a new patient, aren't you?
Martin: Yes, that's right.
Doctor: OK, so I'd better get some basic details down first. Right, we'll start with your name.
Martin: Martin Hansen.
Doctor: Do you spell that S-O-N or S-E-N?
Martin: H-A-N-S-E-N.
Doctor: OK. And you are a first-year student?
Martin: Yes, I am.
Doctor: Studying?
Martin: Medicine, actually. **Q1**
Doctor: Ah! Good choice. I hope you enjoy it.
Martin: Thanks.
Doctor: And your address?
Martin: Yes, it's 13 Chatham Street. **Q2**
Doctor: That's C-H-A-T-H-A-M, isn't it?
Martin: That's right.
Doctor: And your phone number?
Martin: 01734 24655. **Q3**
Doctor: 01734 26455.
Martin: No, you got the 6 and the 4 the wrong way round. It's 24655.
Doctor: Huh! Sorry, right. And when were you born?
Martin: On the 15th of June 1986.

Doctor: Here in New Zealand?

Martin: Yes.

Doctor: Fine. Now, let's get some of your medical background. Have you ever had any serious illnesses or accidents?

Martin: A broken leg I got playing football when I was 17. I was in the school team. **Q4**

Doctor: What position did you play in?

Martin: I was the goalkeeper.

Doctor: A lot of standing around then!

Martin: Yes, when we were winning.

Doctor: Right. Anything else?

Martin: No, apart from that, nothing.

Doctor: And, have you had any operations of any kind?

Martin: No, the only time I've been to hospital was when I broke my leg. **Q5**

Doctor: Fine. Any allergies? **Q6**

Martin: Yes, to dust and cats. **Q6**

Doctor: What form does that take? How do you react?

Martin: They both make me sneeze a bit. Nothing else.

Doctor: So you're not allergic to antibiotics like penicillin as far as you know?

Martin: I don't think so.

Doctor: Good. So what's your problem?

Martin: Well, recently I've been getting this pain here, just behind my eyes and in my forehead. **Q7**

Doctor: I see. Have you felt sick or dizzy at all, or vomited?

Martin: No, not at all, though the pain is pretty intense sometimes.

Doctor: And how's your health generally? Have you had any colds or flu recently?

Martin: I had a cold a couple of weeks ago, but that's gone. It was only a sniffle really.

Doctor: Good. Are you studying a lot? Are you getting enough sleep?

Martin: Yes, I'm studying quite a lot — I've got some exams coming up in December, but I'm making sure to sleep plenty.

Doctor: What time do you go to bed?

Martin: Usually around 11. I sleep about 8-and-a-half hours, **Q8** and I'm up about 7:30 so I have time to go jogging for half an hour before going in to the university at 9.

Doctor: Very healthy. And has this pain kept you awake or stopped you jogging?

Martin: Yes, it makes getting to sleep harder. It's much worse at the end of the day. I hardly notice it in the morning. Q9

Doctor: What about food? Are you eating properly?

Martin: I think so. My girlfriend cooks my meals.

Doctor: Right. And do you wear glasses?

Martin: No.

Doctor: Aha. When did you last visit an optician?

Martin: I don't remember. When I was a child, I suppose.

Doctor: OK. Well I think first you should get that done again, **Q10** just to make sure it's not the cause. In the meantime, take an aspirin **Q10** or two when you're in pain, and come and see me again in a week. Ask the receptionist to give you an appointment with the optician. He's here on Tuesday and Thursday mornings ...

SECTION 2

Welcome to the library tour. We'll begin our tour of this level of the library here at the entrance. Then we'll go in a clockwise direction.

So, first of all, over here on the left, next to the entrance, is a touch-screen information service. These computers can be used at any time to get general information about the library and how it works. In front of the touch-screen information service are the catalogues. **Q11** As you can see it's a computerized catalogue system and it's very easy to use. The catalogues are linked up to the other libraries at the university, so make sure you check which library a book is in when you are trying to locate a particular item.

Next, along here on the left, we have the Circulation Desk for borrowing and returning books. **Q12** The Returns Area, the place for returned books and other items is at the end of the Circulation desk near Closed Reserve. **Q13** Closed Reserve, as most of you probably know, is a collection of books that are in high demand, so they are on restricted circulation. If a book is on Closed Reserve you can only borrow it to use within the library for three hours at a time.

Over there in the corner are the shelves for newspapers. **Q14** The library has an extensive collection of local and international English-language newspapers. They are kept on those shelves for one month and then stored elsewhere.

As we continue our tour around to the right this large central section is the Reference Section. **Q15** Reference texts cannot be borrowed for use outside the library. They must be used within the library. All these shelves in the centre of this level are the Reference Section.

Now, the stairs here on the left lead to Level 2 only. On Level 2 are most of the Law books. To go up to the other levels of the library you have to use the lifts. Beside the stairs are the restrooms for this floor. **Q16**

Now, as we walk around this corner to the right, this large room on the left is the Audio-Visual Resource Centre. You can come in here if you wish to listen to a tape or watch one of the library's videos. Next to the Audio-Visual Resource Centre is the photocopying room. **Q17** There are 15 copiers for student use, and we' ve recently added a colour copier. The system for copying uses cards not coins. You can buy a photocopy card from the technician in charge of the photocopying room, or from the information desk if he isn't here at the time. On our right, these work tables are for student use, especially for small groups to work together, or you and your colleagues can use the conference room, which is that small room there next to the lockers. **Q18** You can work on group projects in the conference room without disturbing anyone, and there's a conference room, on each level of the library. The round desk in front of the lockers is the Information Desk. **Q19** If you need help using the catalogues or you need to organize a loan from another library the Information Desk is the place to come. And finally, here, beside the exit doors, these two shelves contain current magazines and journals. **Q20** Like the newspapers they are kept here for a time and then stored elsewhere.

Okay, that' s the end of the tour of this level of the library. I'll leave you to look around yourselves now, and if you need any further help please ask at the Information Desk.

SECTION 3

M: Hi, Elaine, I was hoping I'd see you here. How're things?

F1: All right. You?

M: Not bad, but I'm beginning to worry about that assignment.

F1: What, the one on Theory and Practice?

M: Yes.

F1: When's it got to be in by?

M: Next Thursday, and I just can't get to grips with it.

F1: Yes, it's a tricky one. I'm hoping to get down to it over the weekend. I tell you what, there's Dina. Let's see if she has any pearls of wisdom on the subject. She took the Theory and Practice option last year, didn't she? And got an A+ for it, I think. **Q21**

M: How does she do it?

F1: Let's ask her. Hi, Dina. Hard at work?

F2: Not exactly. The lecture's just been cancelled, so I've suddenly got a free morning on my hands. **Q22**

F1: That's lucky. You've met Neil, haven't you?

F2: Yes.

F1: We were just talking about the theory and practice assignment we've got to hand in next week. Can we just pick your brains a moment?

F2: How far have you got with it?

F1: Well, still at the reading stage really.

F2: Are you? Well, one bit of advice I'd definitely give is not to spend hours wading through that massive volume by Jespersen. **Q23** It really isn't very helpful — I think the only reason they keep it on the reading list is that the library has got so many copies of it. Personally, I found the essential source was Piresi. Have you read her yet?

F1: Piresi? I don't think so.

F2: That's a great book, it must be on your reading list.

M: Right.

F2: Another one I found very useful was the article called something like "Practical theories", by, was it Williams? Or Willard. Yes, Willard. Also, if you want to look at case studies, that small book of Ron Brown's has got some interesting stuff in. You know the one I mean?

M: Ron Brown, yes. I looked for it in the library but it was out on loan.

F2: Yes it's a very popular book. Did you try the recall system?

M: The what?

F2: Don't you use the recall system? You should, you know. You just have to take a pink slip from any of the librarians' desks, **Q24** fill the details of the book in, put your departmental address on the back — your departmental address not your home address **Q25** — and hand the slip in at the Information Desk. **Q26** Then check the mail in your department twice a day, say at 10 in the morning and 3 in the afternoon, for a slip telling you the book is ready to collect. Last week I recalled a book at lunchtime and got the slip telling me it was ready just 4 hours later. That was exceptional. It usually takes about 3 days.

M: I didn't know you could do that. Is it expensive?

F2: No, there's a nominal charge — 25 pence a book, **Q27** I think. It's well worth it if you're preparing for an assignment. Are you going to be working together on it?

M: Erm, I'm not sure.

F2: I would, if I were you. You get so much more out of the assignment that way.

M: But surely the tutors would notice that our essays were the same?

F2: No, no. I'm certainly not suggesting you should actually write the thing together. I'm talking about when you first start on a big assignment I think it's a good idea to find two or three others on the course who live near you, and divide up the reading-load between you. Then you can meet up again a few days later and take it in turns to summarise your reading for each other. **Q28** At the next stage we go round the group explaining our essay-plans, **Q29** which makes it easier for individuals then to go off and write the first draft of their essay on their own. Later on we usually exchange drafts and give feedback in the group, before finally writing our essays individually. **Q30**

M: Do you really do all that?

F2: Usually, yes. It makes the whole thing much easier and more enjoyable.

M: Right. Well, I think I need another coffee before getting started. Can I get you one?

F2: Yes, why not.

SECTION 4

Last week we looked at the stock market and how it functions, and so, today, I want to go on to look at business ownership and corporations — what they are, and some reasons why they are formed.

I'd like to start by talking about two different types of business ownership. If you start a restaurant by taking your own money to buy the building and the equipment, then what you have done is formed a sole proprietorship. You own the entire restaurant yourself. You get to make all of the decisions and you keep all of the profit. If three people pool their money together and start a restaurant as a team, what they have done is formed a partnership. **Q31** The three people own the restaurant themselves, sharing the profit and decision-making.

A rather different way of setting up a business is to become a corporation. Any business that wants to sell shares of stock to a number of different people does so by turning itself into a corporation. This is in all legal ways like a person, and it can act as an individual acts. **Q32** It's registered with the government, it can own property, it can go to court to sue people, it can be sued and it can make contracts. By definition, a corporation has stock that can be bought and sold, and all of the owners of the corporation hold shares of stock to represent their ownership. So, for example, if I buy ten per cent of the shares of a certain corporation, then I have a one tenth ownership of the company.

There is a whole body of law that controls corporations — these laws are in place to protect the shareholders and the public. These laws control a number of things about how a corporation operates and is organized. For example, every corporation has a board of directors. It's unlikely, but even if all of the shares of a corporation are owned by one person, **Q33** then that one person can decide that there will only be one person on the board of directors, but there is still a board. The shareholders in the company meet every year to vote on the people for the board. **Q34** The board of directors makes the decisions for the company. It hires the officers of the company, for example, the president, makes the company's decisions and sets the company's policies. The board of directors can be thought of as the brain of the company — they don't do any of the work of the company, but they make the important decisions. **Q35**

Let's look at this flow chart of how a corporation works. Firstly, of course, a business idea has to be generated. It's often something that needs a lot of capital, and one of the big reasons why corporations exist is to create a structure for collecting lots of money for investment in a business. **Q36** Let's say that you would like to start your own airline. Most people cannot do this, because an aeroplane costs millions of dollars. An airline needs a whole fleet of planes and other equipment, plus it has to hire a lot of employees. A person who wants to start an airline will therefore form a corporation and sell shares of stock in order to collect the money needed to get started. **Q37** The company might sell one million shares of stock at $20 a share to raise $20 million very quickly. The company then invests the $20 million in equipment and employees. The investors (the shareholders who bought the $20 million in stock) hope that with the equipment and employees, the company will make a profit and pay a dividend. **Q38 & Q39**

Another reason that corporations exist is to limit the liability of the owners to some extent. If the corporation gets sued, it is the corporation that pays the settlement. **Q40** The corporation may go out of business, but that is the worst that can happen. If you are a sole proprietor who owns a restaurant and the restaurant gets sued, you are the one who is being sued. You and the restaurant are the same thing. If you lose the suit then you, personally, can lose everything you own in the process, and this is obviously not desirable.

ANSWER KEY

TASK 1

1. call on us
2. learn English
3. is a /wife is/like him
4. are in/ isn't as old as
5. did you
6. dug up a lot of information
7. Louise and /went over
8. 's out of
9. tried out
10. make fun of others

TASK 2

1. wen(t) to
2. as(k)ed /bu(t)
3. fas(t)/jus(t)
4. wri(te) to /an(d)
5. expe(c)t(ed)/no(t) to
6. no(t) too/an(d)
7. a(t) leas(t) talk
8. vacuum(ed) the/an(d) polish(ed)
9. ha(d) an/woul(d) have/con(c)lusion
10. qui(t)e cold/ge(t) to

TASK 3

1. 'd
2. 've
3. 's/ an
4. 've/ ed/ a/ 's/ 's
5. not/ n't
6. 've/ have
7. 've been/ ing
8. an
9. 's /ting
10. 've /the/s

TASK 4

1. studio
2. Mrs. Parson
3. my shelf
4. prescription
5. Royal
6. furious
7. coach
8. collect
9. Ireland
10. clue

TASK 5

A

TASK 6

1. China
2. 4000 years ago
3. 740AD
4. late 19th century
5. Japanese
6. China
7. Korea
8. intersecting lines
9. capture territory
10. simple
11. complex
12. 50 million players

TASK 8

A—6	B—6	C—8	D—1
E—2	F—7	G—2	H—8
I—6	J—5	K—1	L—2/8
M—5			

TASK 10

1. Allen
2. 48
3. TW9 4TH
4. 07754 897 432
5. PA365
6. E6

TASK 11

1. cool (and) wet (*both of one mark*)
2. wool (and) timber (*both of one mark*)
3. fertile soil(s)
4. vegetables
5. warm (and) wet (*both of one mark*)
6. 800/eight hundred

TASK 12

1. coastal environment /environment of coast
2. population shift/population growth /shift
3. ageing population
4. government policies
5. urban sprawl /urban expansion
6. (intensive) fish /(intensive) shellfish /(intensive) fish &shellfish

7. adopt national approach /nationwide coordination
8. management / economics management
9. people affected

TASK 13

1. count sheep
2. The elderly/Women /The elderly & women
3. Shift work
4. smoke/drink coffee /take medication
5. heavy machinery
6. a last resort
7. take a bath
8. get up

TASK 14

1. 3
2. 14
3. Hospital
4. lorry
5. lights
6. horn
7. main road
8. 01713891778

TASK 15

1. 1950s
2. lime
3. yes
4. very effective/ 90%/ ninety per cent
5. expensive

TASK 16

1. b
2. c
3. c
4. c
5. b
6. c
7. c

TASK 17

D、E、G (in any order)

TASK 18

1. B
2. B
3. C
4. A
5. B

TASK 19

1. B
2. C
3. F
4. A
5. D

TASK 20

1-4

A. boating C. cliff walks E. swimming F. bird watching

TASK 21

1. E
2. D
3. B

TASK 22

1. face
2. pendulum
3. weight

TASK 23

1. by hand
2. mills
3. labelled
4. at home, abroad

Listening Test 1

1. A
2. B
3. C
4. B
5. A
6. B
7. daily
8. the/an automatic
9. 9911 4425
10. 40 Park
11. two or three/2-3
12. up the coast
13. the sun
14. hat/cap
15. well-known/obvious
16. (to)towards the shore(beach)/against the rip
17. across the current/parallel to shore
18. lessens/reduces/gets weaker
19. swim alone
20. a lifeguard
21. C
22. B
23. B
24. role models
25. minority
26. real
27. 70
28. public opinion
29. shopping mall
30. multiple choice
31. A
32. B
33. A

34. A
35. B
36. C
37. lifecycle
38. (much /far) greater/more/increased flexibility
39. permanent (or) tenured
40. work from home/telecommute

Listening Test 2

1. Robert Wutherspoon
2. 9809 Richmond
3. F66
4. Texas
5. 795 5183
6. 743 3027
7. 6th December,1979
8. driver's licence
9. 13617844
10. Horace
11. November 1991
12. (historic) ships
13. a wheelchair
14. green arrows
15. Information Desk
16. every hour
17. Captain Cook
18. Australian artists/painters
19. $70
20. souvenirs
21. A
22. C
23. C
24. A
25. B
26. C
27. B
28. A
29. B
30. C
31. instrumental
32. integrative
33. immigration
34. confident
35. revision
36. monitor
37. organization
38. teacher and classroom
39. 24 hours
40. responsibility

Listening Test 3

1. C
2. B
3. Moseley
4. third(floor)
5. No
6. £520
7. B
8. 375 Greenfield Road
9. 357629
10. 4:15
11. 45,227
12. 3/5/ three-fifths
13. 64.2%
14. capital
15. lakes
16. electric motors
17. grain
18. crops
19. republic
20. mild
21. B
22. B
23. C
24. A
25. detail
26. space and the individual
27. read simple directions
28. maps
29. writing essays
30. right order
31. E
32. A
33. D
34. B
35. A
36. C
37. B
38. B
39. A
40. B

Listening Test 4

1. family house
2. No.1 Road
3. per room
4. ($) 30
5. ocean
6. Peter Truboise
7. 903 2773987
8. A E
9. C D
10. B C

11-14A、B、E、F (in any orders)

15.up to
16. expense
17. volunteers
18.of charge
19. £ 5000
20. C
21.five/5
22. 50%/fifty percent
23. eighteen/18
24.fourteen/14
25. marking system
26. relevant
27.(very) elegant
28. not possible/impossible
29. excellent
30. much better
31. bad work good
32. to cut wastage
33. to save time
34. 62%
35. safety
36. manufacturing process
37. C
38. B
39. A
40. B、D

Listening Test 5

1. Farida
2. Cairns
3. 14th of April/April 14
4. economy
5. cash
6. 022766936
7. opposite beach/near beach
8. six days
9. go diving/to dive
10. box jellyfish/stingers
11. north bank
12. wetlands
13. British
14. the 1890s
15. 1.4 million
16. Buses
17. King's Park
18. Vineyards
19. Riverboat cruises
20. 30 minutes
21. Biology
22. cotton
23. expense/they're expensive/cost
24. eat harmful bugs(insects)/ pollinate crops

25-27A、C、D (in any order)

28. painted/applied
29. flowers
30. wings
31. 1 million/one million/1,000,000
32. glass pyramid
33. (futuristic) science museum
34. (new) library
35. depressed industrial area
36. image
37. (plenty of) (new) investment (from outside)
38. garden (with sculpture/with trees)
39. (large screen) film theatre/ film theatre (with large screen)
40. theatre/ theatre (complex)

Listening Test 6

1. Medicine
2. Chatham
3. 0173424655
4. broken leg/broke leg
5. no
6. dust and cats
7. A
8. B
9. C
10. A E
11. B
12. F
13. H
14. G
15. C
16. I
17. E
18. J
19. A
20. D
21. A+/plus
22. lecture
23. B
24. pink slip
25. department(al)
26. Information Desk
27. 25p/pence
28. summarise/summarize
29. essay plan(s)
30. (give)feedback
31. partnership
32. (a) person/human being
33. one person
34. every year/yearly/ once a year
35. make(the)(important) decisions
36. capital/money/investment
37. shares(of stock)
38. employees/workers
39. profit/money
40. A

附　录

附录一
雅思听力考试测试程序和试题结构

雅思考试全称为国际英语语言测试制度（International English Language Testing System），简称IELTS。

雅思考试由听力、阅读、写作和口语四部分组成，而听力是这四项中较难的，因为雅思听力考试的题型变化多端，涉及面广，考试语音国际化，所以要求考生要具备一定的英语水平。

雅思听力考试分为四部分（4 sections），通常为40题。Section 1 和 Section 2 是日常生活中经常遇到的问题（Survival Situation）；Section 3 和 Section 4 通常是讲有关学术类的问题（Academic Situation）。Section 1 和 Section 3 是对话形式，多为两人或多人之间的对话；Section 2 和 Section 4 为单人叙述和独白。雅思听力考试说话者会掺杂着各种不同国家的口音，主要为英音、美音、澳音，充分反映了雅思考试的语音国际化。

雅思听力考试的录音磁带为30分钟，录音只放一遍，考生必须边听边写，每部分听录音前都给考生阅读试题时间，每部分结束时给考生时间检查自己的答案。在听力考试时，考生有额外的10分钟时间眷写答案。

<table>
<tr><th>部分</th><th>题目数目</th><th>形式</th><th>内容</th><th>时间</th></tr>
<tr><td>1</td><td>10</td><td>Conversation
2 persons</td><td>Survival English</td><td rowspan="4">30 minutes
(listening)
+
10 minutes
(transferring an-
swers to answer
sheet)
recordings will be
placed ONCE only</td></tr>
<tr><td>2</td><td>10</td><td>Monologue</td><td>Survival English</td></tr>
<tr><td>3</td><td>10</td><td>Conversation
2-4 persons</td><td>Academic English</td></tr>
<tr><td>4</td><td>10</td><td>Monologue</td><td>Academic English</td></tr>
</table>

雅思听力考试的难度是分级别的，从 Section 1 到 Section 4，难度逐级上升，但各题的分数值一样，因此，根据章节的难度不同，考场任务也就不同。Section 1 是保分，Section 2 和 Section 3 是争分， Section 4 则是挑战。

雅思听力考试主要测试题型

Forms/Notes/Table/Flow-chart/Summary Completion

（个人信息表，提纲图表，流程图，小结摘要完成填空）

Multiple Choice（选择题）

Short-answer Questions（简答题）

Sentence Completion（单句补全填空题）

Labelling a Diagram/Plan/Map（图解标签题）

Classification（分类联系题）

Matching（配对题）

附录二
雅思听力考试最新评分标准

雅思听力考试为9分制，听力成绩有半分等级，根据试卷的难易程度，最后成绩要乘以难度系数，所以做对的题目数目和成绩等级每次不是一个定值。

Score	Band	Proficiency
39~40	9	精通英语
35~38	8/ 8.5	英语能力优秀
30~34	7/ 7.5	英语能力良好
23~29	6/ 6. 5	英语能力较好
16~22	5/ 5. 5	英语能力一般
10~15	4/ 4. 5	英语能力有限
4~9	3/ 3. 5	英语能力极有限
2~3	2/ 2. 5	英语能力差
0~1	0/ 1. 5	无使用英语能力

附录三
雅思听力考试答题纸

BRITISH COUNCIL　　IELTS AUSTRALIA　　UNIVERSITY of CAMBRIDGE ESOL Examinations

PENCIL must be used to complete this sheet

Centre number:

Please write your name below,

then write your six digit Candidate number in the boxes and shade the number in the grid on the right in PENCIL.

0 1 2 3 4 5 6 7 8 9
0 1 2 3 4 5 6 7 8 9
0 1 2 3 4 5 6 7 8 9
0 1 2 3 4 5 6 7 8 9
0 1 2 3 4 5 6 7 8 9
0 1 2 3 4 5 6 7 8 9

Test date (shade ONE box for the day, ONE box for the month and ONE box for the year):

Day: 01 02 03 04 05 06 07 08 09 10 11 12 13 14 15 16 17 18 19 20 21 22 23 24 25 26 27 28 29 30 31

Month: 01 02 03 04 05 06 07 08 09 10 11 12　Last 2 digits of the Year: 00 01 02 03 04 05 06 07 08 09

IELTS Listening Answer Sheet

1		✓ 1 ✗	21		✓ 21 ✗
2		2	22		22
3		3	23		23
4		4	24		24
5		5	25		25
6		6	26		26
7		7	27		27
8		8	28		28
9		9	29		29
10		10	30		30
11		11	31		31
12		12	32		32
13		13	33		33
14		14	34		34
15		15	35		35
16		16	36		36
17		17	37		37
18		18	38		38
19		19	39		39
20		20	40		40

Checker's Initials		Marker's Initials		Band Score		Listening Total	

附录四
雅思听力考试常见问题释疑

疑问：在雅思听力考试时录音放得太快，有好多听不清楚、听不懂，我都来不及做题!

解答：考生英语水平低、基础薄弱以及不正确的听力练习方法和手段是产生这些问题的主要原因。要解决这个问题，首先要提高自身的英语水平，增加词汇量。设想一个单词你根本就不认识，又如何能指望听得懂呢？其次也是最为关键的是——即使考生听清楚了、听懂了，却没有记住细节，答案照样是写不下来的。雅思考试不是listen to 答案，而是listen for 答案。所以要多做听写练习，提高听写的质与量。

疑问：我以前上大学时学的美音，而雅思听力考试又以英音、澳音为主，怎么练习？

解答：最好的练习方法是多听一些英语广播节目，熟悉各种语音语调。如：BBC WORLD SERVICE，CANADIAN BROADCASTING，ENGLISH CLUB，RADIO AUSTRALIA，NOTE TAKING AT UNIVERSITY等。

疑问：考试中在填写答案时什么时候字母要大写，没大写扣分吗？

解答：遇到答案是专有名词时一定要大写，答案是一句话开头时要大写，例子大写了相应答案也必须大写，没有大写是一定要扣分的。

疑问：我平时做练习和模拟考试都做得挺好的，为什么一到考试的时候就紧张？

解答：心理原因在雅思考试当中是不容忽视的，紧张、注意力不集中、疲倦等对听力考试都有很大的影响。好多考生在实际考试和模拟考试时会出现1到2分的“落差”，这种心理失误一开始就应该引以为戒。

疑问：如何针对雅思听力考试的特点来进行听力练习？

解答：“精听”、“泛听”相结合。“精听”最好能把典型场景全部精听下来，因为这些都是雅思听力考试的代表性内容，最好能做到跟上原文速度复述下来。“泛听”即广泛地听，因为雅思听力考试是国际化的考试，所覆盖的内容广泛，但主要考查的是考生在国外如英国、澳洲生活学习的能力，所以多找一些相关的材料来听会对考试很有帮助，如英文原声电影等。

疑问：要想在雅思听力考试中取得高分要具备什么条件？

解答：良好的语言水平+适当的背景知识+稳定的心理素质+熟练的解题技巧。

疑问：雅思听力考试的题目有重复的吗？

解答：与其他几种英语考试相比，IELTS考试的一个特点就是试卷重复使用。该考试的听、读、写部分不断有新的试题出笼，同时也有旧的试题被淘汰。目前有几十套试题（VERSION）在使用，每次考试用不同的组合方式以尽量避免大规模重复。即使如此，仍有考生因第一次考试未达到所要求的分数而再次参加考试时遇到做过的VERSION。

疑问：大学公共英语四/六级考试听力部分和雅思听力考试有什么区别？

解答：国内的大学公共英语四/六级考试命题思路基本上是借鉴美国过去的托福考试，以考查英语语言本身为主，更注重语言知识点，而非实际语言运用。顺利通过四，六级，并不意味着能顺利通过雅思。同旧的托福考试相比，雅思考试更注重实际语言运用能力。雅思考的是语言之外的信息，这就要求考生不仅要拥有扎实的语言基本功，还要有灵活实际的语言运用能力。

疑问：雅思听力考试大概需要多少词汇量？

解答：IELTS听力有别于TOEFL、CET4、CET6等其他考试，需要掌握的单词很难量化，IELTS考试听力部分选用的文章都来自英语国家的日常生活，因此并没有绝对的词汇数字。尽管没有绝对的单词总数设定，但单词量绝对不是最大的问题，只要掌握3 000个单词，就可以应对考卷的大部分内容。不过对于这3 000个单词的掌握，不仅仅是听说读写，更重要的是知道如何去掌握和使用它们（active words），熟练掌握3 000个单词可能比简单背诵10 000个单词更有用。

疑问：雅思考试的总分是如何计算的？

解答：雅思考试的成绩分为1~9分九个级别，听、说、读、写四个部分分别以9分为满分计分，最后的总分为四个部分单项得分的平均分，但并不是四个部分单项得分之和除以四之后的绝对值，而是采用末位进退位的方法，向半分或整数分靠拢。比如四部分的平均分为6.125，考生的最后得分就是6分；而平均分是6.25时，最后的得分则是6.5；如四部分平均分为5.75，最后得分被进到6分；而平均分是5.675时，最后的得分被退到5.5。考生收到的成绩单上会列出四部分的单项成绩和最后的总分。

附录五 英语听力练习网站

www.esl-lab.com
www.mmsound.about.com
www.bbc.co.uk/radio
www.bbc.co.uk/worldservice/learningenglish
www.britfm.com
www.audiobooks.com
www.alltheweb.com
www.museum.media.org/radio
www.englishclub.com
www.abc.net.au/ra
www.cnn.com/audioselect
www.cri.com.cn
www.npr.org/programs
www.esl.about.com/homework/esl/cs/listening resource/index.html
www.englishlistening.com
www.miningco.com
www.smic.be/smic5022
www.eslcafe.com
www.english-trailers.com
www.timecast.com
www.eviews.net/index.html
www.voanews.com/specialenglish
www.listen-to-english.com
www.eslhome.com/esl/listen
www.eslvideo.com
www.englishenglish.com/listening_skills.htm
www.1-language.com/esllistening/index.htm

郑重声明